VOLTAIRE

인간 볼테르

계몽의 시인, 관용의 투사

1판1쇄 | 2020년 9월 14일

지은이 | 니컬러스 크롱크
옮긴이 | 김민철

펴낸이 | 정민용
편집장 | 안중철
편집 | 강소영, 윤상훈, 이진실, 최미정

펴낸곳 | 후마니타스(주)
등록 | 2002년 2월 19일 제2002-000481호
주소 | 서울 마포구 신촌로14안길 17, 2층 (04057)
전화 | 편집_02.739.9929/9930 영업_02.722.9960 팩스_0505.333.9960

블로그 | humabook.blog.me
트위터, 페이스북, 인스타그램 | @humanitasbook
이메일 | humanitasbooks@gmail.com

인쇄 | 천일문화사_031.955.8083
제본 | 일진제책사_031.908.1407

값 12,000원

ISBN 978-89-6437-358-3 93300

이 도서의 국립중앙도서관 출판시도서목록(CIP)은
e-CIP홈페이지(http://www.nl.go.kr)와
국가자료공동목록시스템(http://www.nl.go.kr/kolisnet)에서 이용하실 수 있습니다.
(CIP제어번호: CIP2020037249)

인간 볼테르

계몽의 시인, 관용의 투사

니컬러스 크롱크 지음

김민철 옮김

후마니타스

차례

역사에 대해 더 많이 알고자 노력할수록, 나는 그러한 지식이 필연적으로 제한적이라는 사실을 깨닫는다. 광활한 중국 땅에 거주하는 아시아인은 우리가 존재한다는 사실조차 잘 모르며, 그들에게 유럽이란 마치 우리에게 조선이나 북부 일본과도 같은 존재인 것이다. ─ 볼테르

볼테르의 수첩에는 이와 같은 생각이 기록되어 있다. 그가 소장했던 6000권의 학술서 목록이 입증하듯, 볼테르는 비유럽 문화에 대해 끊임없이 관심을 가졌다. 이 관심으로부터 그의 저술 중 가장 야심 찬 작품인 『민족들의 습속과 정신에 관한 고찰』 *Essai sur les mœurs et l'esprit des nations*이 탄생했다. 이 작품은 보편사를 서술하려는 선구적인 시도였다. 이전의 '보편사'는 보쉬에 Jacques-Bénigne Bossuet의 1681년작 『보편사에 관한 소론』*Discours sur l'histoire universelle à Monseigneur le Dauphin: pour expliquer la suite de la religion et les changemens des empires: depuis le commencement du monde jusqu'à l'empire de Charlemagne*처럼 기독교 유럽 세계의 역사로 서사를 한정하는 경향을 보였는데, 이와 달리 볼테르는 지구상의 제 민족을 포괄하는 역사를 서술하려고 시도한 것이다. 그는 세계 온갖 민족들의

정치사·군사사를 서술하는 데 그치지 않고 힘닿는 데까지 그들의 종교와 문화에 대해, 특히 문학에 대해 더 광범위하게 다루려고 노력했다. 그는 뒤알드Jean-Baptiste Du Halde의 1735년작 『중국 제국에 대한 묘사』Description géographique, historique, chronologique, politique et physique de l'empire de la Chine et de la Tartarie chinoise를 소장하고 있었다. 그것은 중국 문화의 온갖 면모를 묘사한, 당시 서유럽에서 매우 잘 알려진 책이었는데, 볼테르는 이 책에서 13세기 중국 잡극 『조씨 고아』趙氏孤兒를 1731년 프레마르Joseph-Henri de Prémare의 번역L'Orphelin de la maison de Tchao을 통해 발견했다. 그는 이 발견에 몹시 흥분하여 그것을 토대로 비극 『중국 고아』 L'Orphelin de la Chine를 썼다. 그것은 칭기즈 칸이 금나라를 침공한 시기의 베이징 황궁을 배경으로 펼쳐지는 사랑, 의무, 그리고 최종적인 용서의 이야기였다. 이 비극은 1755년에 파리의 코메디프랑세즈Comédie-Française에서 초연되어 큰 흥행을 구가했다. 볼테르의 명성이 워낙 자자했던지라, 작품은 곧 영어(1756년), 이탈리아어(1762년), 네덜란드어(1765년), 스웨덴어(1777년), 포르투갈어(1783년), 에스파냐어(1787년), 덴마크어(1815년), 폴란드어(1836년) 등 다른 유럽어들로 번역되었다. 13세기 중국 극을 각색해서 무대에 올린 볼테르의 시도는 대성공을 거두었고, 그것은 극장이라는 공간을 넘어 유럽 문화에 영향을 미칠 만큼 흥행했다. 볼테르는 프랑스 작가였지만 프랑스인 독자층만으로는 결코 만족하지 않았으며, 이미 생전에 전 유럽에 걸쳐 유명인으로서의 지위를 누렸다.

물론 『중국 고아』에서 한국(고려)이 언급되긴 하지만, 볼테르의 글에서 한국이 등장하는 것은 당연하게도 거의 대부분 그의 『민족들의 습속과 정신에 관한 고찰』에서다. 그는 한국을 "우리 지구의 동쪽 끄트머리에 있는" 거대한 중국(몽골) 제국의 일부분으로서 언급하며, 칭기즈 칸의 정복사업들을 묘사하는 부분에 한국을 포함시켰다. 볼테르는 자신에게 정보가 부족하다는 사실에 불만을 표했으며, 한국이 유럽에서 잘 알려지지 않은 나라 중 하나라는 점을 거리낌 없이 인정했다.

볼테르는 유럽인들이 잘 모르는 민족들에 대해 언제나 관심을 기울이는 동시에 중동의 나라들이 이를테면 유럽과 놀라우리만치 비슷한 "수많은 설화"를 갖고 있음에 주목했다. 물론 그가 "설화"라는 표현으로써 겨냥한 것은 기독교의 성경이었고, 그것과 유사한 "설화들"이 중동에 다수 존재한다는 점을 지적함으로써 가톨릭이 스스로 내세우던 유일성과 보편성을 공격한 것이었다. 볼테르는 다르다넬스 해협부터 한국에 이르기까지 여러 나라의 관습은 서로 다르겠지만 윤리적 사고의 근원은 모든 민족에서 동일하게 나타난다고 생각했다. 또 그는 일본에서든 프랑스에서든 새해 첫날에 친지들과 친구들이 서로 선물을 주고받는 것처럼 지구 전역에 공통된 전통과 관례가 존재한다고 주장했다. 민족들 사이의 표면적 차이를 넘어, 볼테르는 인간은 지구 어디서든 근본적으로는 같다고 말하고 싶어 했다. 그는 특히 종교에 관해서 각 문화가 서로 다른 방식으로 신을 찬미하지만 결국 인류는 우주를 창조했고 선한 도덕을 설파하는 '최고존재'를 함께 찬미한다고 믿었다.

이것은 비판받기 쉬운 입장이다. 종교사가들은 세계 여러 종교 간의 실체적인 차이들을 지적할 것이다. 어떤 이들은 에드워드 사이드Edward Said의 "오리엔탈리즘"Orientalism 개념을 들어 볼테르가 유럽의 기준으로 중동의 문화를 평가하는, 식민제국의 깔보는 듯한 태도를 견지했다는 비판을 제기한다. 그러나 이것은 (어쨌거나 유럽이 중동에 식민제국을 건설하기 이전 시대에 활동한) 볼테르에게 공평하지 못한 비판이다. 왜냐면 그가 활용할 수 있는 자료가 많지 않았으며, 구할 수 있는 소량의 자료를 완전히 이해하여 자기 것으로 만들기 위한 노력을 게을리하지 않았기 때문이다. 게다가 그는 항상 자신의 목적을 당당하게 선언했으니, 그것은 곧 모든 문화에 공통된 인간성의 요소들을 의식적으로 밝혀내는 것이었다. 한편으로 볼테르는 유럽중심주의적이라는 비판을 받을 만하며, 다른 한편으로 그가 유럽중심주의자가 아니기는 어차피 매우 힘든 일이었다. 그러나 무엇보다도 근본적으로 그가 원한 것은 인류 공통의 속성과 가치를 묘사하는 것이었다. 아일랜드 출신 영국 작가 올리버 골드스미스Oliver Goldsmith는 1760~61년 『세계시민: 중국인 철학자의 편지』*The Citizen of the World; or, Letters from a Chinese Philosopher*를 출판했는데, 이 책은 런던에 거주하는 것으로 설정된 가상의 중국인 화자가 쓴 편지들을 모은 형식을 취하여 영국 사회를 비평했다. 18세기 유럽에서는 "세계시민"이라는 표현이 널리 쓰이기 시작했는데, 볼테르를 최초의 "세계시민" 중 한 명이라고 말해도 과장이 아닐 것이다.

이처럼 구체성의 집합체에서 보편성을 발견해 내곤 하던 볼테르는 유럽 계몽사상을 대표하는 인물이며, 특히 '기성 종교의 광신과 교조주의에 맞선 저항'이라는, 널리 알려진 판본의 계몽의 상징이다. 그러나 지금까지 한국의 독자들에게 볼테르를 소개하는 책은 거의 없었다. 국내 연구로는 역사학, 문학, 철학, 정치학 분야의 학자들이 전공자를 위해 쓴 소수의 논문이 있을 뿐이다. 출판시장에서는 루소Jean-Jacques Rousseau의 『사회계약론』*Du contrat social ou Principes du droit politique*이 거둔 성공에 묻혀, 볼테르의 글은 몇몇 '고전적' 작품만이 번역되었을 뿐이다. 실제로 독자들이 수월하게 접하는 것은 『캉디드』*Candide*와 『관용론』*Traité sur la tolérance* 정도에 그치며, 서점에서는 볼테르라는 '인물'에 대한 책을 발견할 수 없는 실정이다.

이런 공백이 존재한다는 사실은 안타까운 일이다. 독자들은 이 공백이 메워진 다음에야 비로소 이전에 커다란 공백이 존재했다는 사실을 깨닫게 될 것이다. '인간 볼테르'에 대한 권위 있으면서도 간단명료한 책이 필요하다. 한국은 현대사를 거치며 세계에서 가장 역동적이면서도 튼튼한 민주국가 중 하나로 떠올랐고, 최근에는 "촛불혁명"이라 불리는 평화적인 정치혁명을 이루어 냈다. 사람들은 공론장에서 온갖 낡은 매체와 새로운 매체의 도움을 받아 강고한 교조주의를 타파하고 새로운 세계관을 실험하려는 논쟁들이 탄생하는 것을 목격하고 있다. 이것이야말로 볼테르의 세계다. 이것이야말로 그 회의주의적인 시인이 감히 너무 큰 목소리로 내다보지는 못했으나 때로는 광신과 전제정이 사라진 미래, 인민이 정치적으로 관대하고 문화적으로 세련된 존재가 된 미래를 꿈꾸며 다소 낙관적으로 조심스럽게 희망해 보던 세계다. 그런 '세계'가 지금 여기 도래한 것은 아니지만, 볼테르의 '세계'란 곧 이 가능성들이 새겨진 변화의 공간, 그 변화의 과정이 내전과 살육으로 이어지지 않는 관용의 공간, 그리고 무엇보다도 그런 세계를 꿈꾸는 사람들이 이행기제에 대해 논쟁을 벌이는 공간이다. 이것은 인간이 개별적·집단적 의지로써 서서히 삶의 조건을 개선해 나갈 수 있다는 믿음이 작용하는 세계다. "계몽의 세기"에 이 같은 낙관주의는 반은 진지한 것이었고 반은 전략적인 것이었다. 뒤틀리고 복잡하지만 감동적이고 당당하며 해방적인 볼테르의 18세기로 독자들을 초대한다.

니컬러스 크롱크, 김민철

서론

볼테르에 탄복하지 않는다면 어찌 그를 양식 있는 사람이라고 할 수 있겠는가.

— 보르헤스

볼테르의 글은 독자들에게 열정적인 감탄을 자아낸다. 그는 자신의 한 생애를 뛰어넘은 위대한 인물이자 18세기 문학계에서 최고의 유명인사였다. 250년이 지난 지금도 그 자신이 그토록 부지런히 가꿔 온 인기인으로서의 이미지와 떼어 놓고 볼테르라는 개인을 생각하기란 어려울 정도로, 그의 유명세는 대단했다. 그는 84년이라는 긴 생애에 걸쳐 시에서 산문에 이르기까지, 공상적 작품에서 정치적·종교적 논쟁에 이르기까지, 알려진 거의 모든 문학 장르에 걸쳐 광범위하게 저작을 내놓았다. 옥스퍼드에서 편찬 중이며 곧 완간 예정인 최초의 볼테르 전집은 약 200권에 이른다. 볼테르는 역설적인 인물이다. 그는 '근대적' 사상가이면서 고대의 고전을 숭상했다. 그는 소설이라는 장르를 그토록 폄하했지만 오늘날에는 무엇보다도 풍자소설 『캉디드』*Candide*의 저자로서 기억된다. 아이자이어 벌린Isaiah Berlin은 주저 없이 볼테르를 "계몽사상의 중심인물"이라고 부르지만, 정확히 어떤 점에서 볼테르가 사상가로서 독창적이었는지를 설명하는 지성사가는 드물다.

이것은 '철학자'philosophe라는 프랑스어 개념의 뜻이 애매하기 때문이기도 하다. 이 단어는 우리가 흔히 쓰는 의미의 철학자를 가리키는 것일 수도 있지만, 어떤 사상을 대중적으로 널리 알리는 작가를 가리키는 말이기도 하다. 이탈리아의 계몽사상가 피에트로 베리Pietro Verri는 이 두 가지 뜻을 구분하면서 이렇게 설명했다. "피에르 벨Pierre Bayle의 글을 읽고 설득된 사람은 극소수였다. 그러나 루소Jean-Jacques Rousseau, 볼테르, 디드로Denis Diderot는 훨씬 더 많은 사람들의 마음에 불을 지폈다. 독자들은 감동받고 싶어 한다. 누군가가 그들에게 충격을 주고, 올바른 길로 떠밀어 줘야 한다." 볼테르는 언제나 출중한 방식으로 사회의 통념을 뒤흔들었다. "책이 가질 수 있는 최고의 효과는 사람들로 하여금 생각하게 만드는 것이다." 어쩌면 그가 보여 준 전달자·문장가로서의 빼어난 역량이 그의 사유가 보여 준 독창성보다 훨씬 더 중요했다고 평가해 볼 수 있을 것이다.

사람들은 볼테르의 이름을 급진적 반교권주의에 밀접하게 결부시켰다. "빅토리아 시대"라 불리는 19세기 중후반, 옥스퍼드의 신학자 벤저민 조위트Benjamin Jowett가 허풍을 살짝 더해 "우리 문명은 기독교의 교부들 모두에게보다도 볼테르에게 더 큰 빚을 지고 있다"고 말했을 정도다. 이는 볼테르가 특히 프랑스에서 분열을 일으키는 인물이었음을 뜻한다. 독실한 가톨릭 신자들은 그를 미워했고 자유사상가적 공화주의자들은 그를 숭배했다. 18세기의 계몽사상을 종교 그리고 개인과 신의 관계에 의존하지 않는 사고방식이라고 정의한다면, 볼테르가 근대 세속사회의 출현에서 핵심적인 위치를 차지한다는 점은 분명하다.

그의 독특한 삶은 계몽시대의 문화를 알 수 있게 해주는 중요한 나침반이기도 하다. 지금 우리에게는 프랑수아-마리 아루에 François-Marie Arouet라는 이름(본명)으로 세례를 받은 인물보다도 그 인물이 창조해 낸 작가 '볼테르'(필명)가 더 중요하다. 가면 뒤를 들여다보는 것이 어렵기는 하지만, 우리는 너무 쉽게 가면과 그 가면을 쓴 인물을 혼동할 수 있다. 그러므로 이 책은 계몽시대의 한 인기인이 어떻게 만들어졌는지를 보여 주는 입문서의 소임을 맡아, 볼테르가 평생에 걸쳐 스스로 다양한 역할을 시도한 과정에 보여준 작가로서의 여러 자세, 청중과의 소통 방식, 그들을 사로잡기 위한 온갖 방법들의 재창조 과정 따위를 살펴 볼 것이다. '극장'은 그가 작가로서의 삶을 창조하고 지탱한 방식을 조명하는 효과적인 은유를 제공한다. 그는 항상 자신이 무대 위에 있다는 자각 속에서 살았다. 그의 삶 전체는 무대 위의 자신과 관객 사이의 관계를 더 완벽하게 만들려는 시도였다고 할 수 있다. 볼테르에 감탄한다는 것은 곧 공연과도 같은 그의 삶에 감탄한다는 것이다.

1장 연극인

볼테르는 모든 의미에서 '연극인'이었다. 그는 무대에 올릴 작품을 많이 썼다. 그의 연극은 50편에 이르는데, 여기에는 희곡, 비극, 심지어 오페라 대본도 포함된다. 그가 자신의 이름을 널리 알린 첫 계기는 비극작가로서였다. 이때 그는 말 그대로 자신의 이름을 "만들었다". 아루에는 1694년 파리에서 태어났다. 자신의 주장대로라면 2월에 태어났고, 성당의 세례 기록에 따르자면 11월에 태어났다. 볼테르와 종교에 관한 것은 모두 이렇게 불명확하다. 그는 유복한 부르주아 변호사 집안의 오남매 중 막내였는데, 그들 중 세 명만이 살아남아 성인이 되었다. 7세에 모친을 여의고 10세에 파리에서 제일가는 학교인 예수회 콜레주 루이르그랑Louis-le-Grand에 입학했다. 볼테르는 이 학교에서 귀족 자제들과 함께 수업을 받았고, 그들 중 일부는 훗날 아르장송 후작처럼 평생의 친구로 남았다.

그는 모든 면에서 뛰어난 학생이었다. 17세에 학교를 졸업하고 변호사가 되기 위한 훈련을 시작하는 동시에 그는 문학·시 모임에 참여했고, 곧 시인으로 알려지기 시작했다. 그는 자신을 변호사로 만들려는 부친의 뜻을 거부했고, 1718년 스스로 이름을 "볼테르"로 지음으로써 그 의지를 명확히 했다. 이 새 이름의 유래에 대해서는 여러 설이 있다. 그중에 퍽 설득력 있는 것이 바로 라틴어에서 i와 j, 그리고 u와 v가 같은 글자이므로 볼테르Voltaire라는 이름은 "젊은 아루에"Arouet l[e] j[eune]라는 뜻이 담긴 철자 순서 변경어anagram라는 주장이다. 여기에 보통 귀족이 이름에 쓰던 소사 "의"de를 더해서 "드 볼테르"de Voltaire가 되었는데, 이것은 사회적 야심을 표출한 것인 동시에 부친으로부터 독립하겠다는 의지를 드러낸 것이다.

이름을 알리다

볼테르는 새 이름을 만든 그해에 첫 문학적 성공을 거뒀다. 아마 일찍이 1713년부터 위대한 17세기 극작가 코르네유Pierre Corneille와 라신Jean Racine을 좇아 고전주의 운문 비극classical verse tragedy을 쓰고 있었던 것으로 보인다. 라신의 첫 비극작품은 오이디푸스의 아들들을 다룬 『테바이드』La Thébaïde였는데, 볼테르는 한 걸음 더 나아가 오이디푸스 본인을 자신의 첫 연극작품의 소재로 정했다. 이것은 1659년에 코르네유가, 그리고 그전에는 소포클레스와 세네카가 다루었던 소재였다. 무명작가가 가장 위대한 비극작가들을 상대로 정면승부를 하는 것은 비상한 자신감 또는 놀라운 무모함의 표출이라 할 수 있는데, 젊은 볼테르는 이 두 가지 조짐을 모두 보였다. 게다가 우리는 굳이 프로

이트식 정신분석 훈련을 받지 않아도 부친과 관계를 단절하고 그의 이름을 거부하는 한 젊은 남성이 부친을 살해한 고대 그리스 왕의 신화에 끌렸다는 점에 주목하게 된다(볼테르는 오이디푸스처럼 모친과 결혼하지는 않았지만, 그의 질녀 마리-루이즈와 연인으로서 동거하게 된다).

혁명 이전, 구체제 프랑스의 연극작가에게는 루이 14세의 칙령으로 1680년에 설립된 코메디프랑세즈에 공연을 올리는 것이 사람들에게 널리 알려지는 지름길이었다. 볼테르의 첫 비극『오이디푸스』*Œdipe*가 바로 이 극장에서 1718년에 상연되어 큰 흥행을 거뒀다. 섭정이 직접 초연을 관람했으며, 첫 공연 기간에만 30회나 상연되어서(대부분의 작품이 첫 공연 기간에는 10회 미만 상연된다) 18세기 주요 성공작 가운데 하나로 이름을 올렸다. 『오이디푸스』의 구성은 노련했다. 주제와 구조 측면에서는 전통에 존경을 표시하며 유려한 운문으로 작성되었지만, 이 관행적인 틀 안에 몇 가지 놀랄 거리가 숨어 있다. 초기 관객들은 섭정에 관한 정치적 은유가 숨어 있다고 생각했다. 그리고 종교에 관해서 너무 현대적이어서 당시 관객을 당황시켰을 언급들도 분명히 있었다. 아루에는 겨우 스물네 살에 인기작가가 되었다. 초연 다음 해인 1719년에『오이디푸스』의 대본이 발간되었으며, 이 작품에서 가장 위대한 시적 창작은 바로 (본명이 아닌 필명을 사용한) 표지의 서명이었다. "『오이디푸스』, 비극, 드 볼테르 작*par Monsieur de Voltaire*".

그 후 볼테르는 어디서 무엇을 쓰고 있건, 희곡을 쓰는 일은 평생 멈추지 않았다. 그는 유려한 운문을 창작했고, 극장에서 정확하게 자기가 원하는 무대 효과를 얻기 위한 노력도 아끼지 않았다. 자신이 쓴 대본을 친구인 아르장탈 백작 부부에게 보내 논평과 비판을 구했고, 일단 연극이 상연된 다음에는 관객의 반응을 세심하게 살펴서 무대에서의 효과가 미진했던 장면들을 고쳐 쓰기도 했다. 그는 언제나 연출을 매우 중시했다. 또 극장의 유행과 관객이 좋아하는 것이 무엇인지를 주의 깊게 관찰했고, 필요하면 동료(이자 잠재적 경쟁자인) 극작가들의 작품으로부터 몇몇 발상을 차용했다. 그는 짐짓 오페라 코미크opéra comique(노래와 대화를 통해 알기 쉽게 이야기를 전달하는 뮤지컬 장르)를 경멸하는 체했지만, 자신의 창작물이 오페라 코미크의 형태로 무대에 오르는 것을 기꺼이 반겼다. 그 예로 그레트리André Grétry가 볼테르의 소설 『랭제뉘』L'Ingénu(1767)에 기초한 리브레토[1]를 자신의 첫 오페라 코미크인 『휴론족』Le Huron(1768)으로 만들어 파리의 무대에 올렸던 것을 들 수 있다.

비극을 혁신하다

볼테르는 오페라 코미크가 18세기에 새롭게 등장한 장르라는 이유로 불신했고, 그가 볼 때 루이 14세 시대에 완전성에 도달했다고 여겨진 연극 장르들을 고집했다. 마리보Pierre Carlet de Chamblain de Marivaux나 디드로 같은 몇몇 동시대인이 새로운 연극 형식들을 상상해 내려고 한 반면, 볼테르는 이전 세기의 고전적 장르에 충실했다. 그는 몰리에르Jean-Baptiste Poquelin, dit Molière가 희곡의 표준을 세웠으며 코르네유와 라신이 고전주의 운문 비극의 모범을 제시했다고 생각했다. 볼테르는 점차 유명해지면서 자신이 이 선배들과 경쟁한다고 생각하게 되었으나, 이 고전주의 모형들로 여러 실험을 시도하고자 노력하는 중에

1 오페라의 대본.

도 결코 그것들을 완전히 대체하려 들지는 않았다. 이처럼 급진주의자면서도 한편으론 전통에서 눈을 떼지 않는 자세는 매우 볼테르다운 것이다. 그는 자신이 물려받은 고전주의 모형을 각색했다. 이를테면 『탕크레드』*Tancrède*(1760)에서는 중세사에서 뽑아낸 소재를 사용했고, 『세미라미스』*Sémiramis*(1749)에서는 더 두드러진 무대효과를 도입했다. 『광신주의 또는 예언자 마호메트』*Le Fanatisme ou Mahomet le prophète*(1741)에서 종교적 관용을 다룬 것처럼, 비극에 근대적 주제들을 도입하려는 그의 시도는 특히 대담한 것이었다.

연극에서 볼테르의 혁신을 잘 보여 주는 예가 바로 십자군 시대의 예루살렘을 배경으로 하는 『자이르』*Zaïre*(1732)다. 주인공인 자이르는 기독교도 부모에게서 태어났으나 이슬람교도로 성장했는데, 술탄인 오로스만은 그녀를 사랑했지만 그녀가 부정을 저질렀다고 믿고 그녀를 칼로 찔러 죽인다. 질투라는 주제를 사용했다는 점에서 볼테르는 분명히 셰익스피어의 『오셀로』*Othello*(1603)에 큰 빚을 졌다. 그러나 셰익스피어가 오셀로와 이아고의 관계에 집중한 반면 볼테르는 자이르라는 인물에, 그리고 그녀와 오빠 네레스탕Nérestan과 아버지 뤼지냥Lusignan의 재회에 초점을 맞춘다.

12음절 운문인 알렉산드리아조調의 5막극이라는 『자이르』의 기본 구조는 코르네유와 라신의 17세기 고전주의 비극을 연상시키지만, 볼테르가 소재에 접근하는 방식은 상당히 다르다. 그는 극명한 도덕적 진퇴양난을 제시하기보다는 각양각색의 한층 더 부드러운 감정들을 더듬어 본다. 고전주의 극작가들이 전형적으로 고대사와 고대신화의 주제들을 재가공했던 것과 반대로, 볼테르는 자신과 더 가까운 시대를 배경으로 선택함으로써 종교적 차이에 관한 당대의 높은 관심을 극화할 수 있었다. 『자이르』는 코메디프랑세즈[2] 초연에서 큰 흥행을 기록했으며 1936년까지 두 세기 동안 레퍼토리에 포함되었다.

연극계의 명성

나폴레옹 시대 르모니에Anicet Charles Gabriel Lemonnier가 황후 조제핀의 주문으로 그린 유명한 그림 『조프랭 부인 집에서의 어느 저녁』*Une soirée chez Mme Geoffrin*(1812)은 1750년대 중반의 전형적인 살롱 장면을 표현했다고 한다. 리슐리외 공작Louis-François-Armand de Vignerot du Plessis de Richelieu 같은 귀족들, 그리고 뷔퐁Georges-Louis Leclerc, comte de Buffon, 달랑베르Jean Le Rond d'Alembert, 몽테스키외 Charles Louis de Secondat, baron de La Brède et de Montesquieu, 디드로, 루소 같은 주요 '철학자'들과 지식인들이 여주인 주변으로 앉아 있는 장면인데, 볼테르는 이 그림에서 흉상의 모습으로 나타난다. 정중앙에는 당대의 가장 유명한 배우인 르캥Lekain이 볼테르의 비극 『중국 고아』를 낭송하고 있으며, 주변의 인물들은 여주인 또는 볼테르 흉상을 바라보고 있다. 이들은 볼테르 비극의 낭독 모임에 와있으므로, 볼테르는 몸소 이 장면에 포함되어 있지 않지만 이곳에 '있는' 것이다.

볼테르의 희곡은 배우와 관객뿐만 아니라 그것보다 더 넓은 독자층의 호응을 얻었다. 비극 『아델라이드』*Adélaïde du Guesclin*(1734)의 서문에 볼테르는 "독자 수는 진지한 책의 경우 40~50명, 흥미로운 책은 400~500명, 희곡은 1100~1200명 정도 된다"고 썼다.

---

2 1680년 루이 14세가 설립했다. 프랑스 국립극장 가운데 유일하게 자체 극단을 보유하고 있다.

다시 말해 그는 출판된 대본이 더 광범위한 청중에게 도달하는 효과적인 방편이라는 점을 알았고, 종종 자신의 연극 대본을 책으로 냈다. 그는 이 책들에 서문을 붙이고 산문을 추가하여 내용을 확장하고 보충했기 때문에, 이렇게 출간된 대본은 문집의 모양새를 띠는 경우가 많았다. 볼테르는 운문 비극의 고전주의 모형을 채택했다는 점에서는 관행을 따랐지만, 대본을 출판하여 논쟁적인 작품으로 재탄생시켰다는 점에서는 관행을 완전히 깼다. 그의 희곡은 극장이라는 공간을 넘어 프랑스 전역에, 그리고 프랑스어권 유럽을 가로질러 멀리까지 울려 퍼졌다.

18세기가 "비극의 종말"을 의미한다는 견해가 있지만, 그것은 지나치게 단순하다. 이 견해에 따르면, 비극이라는 장르는 특정한 종교적 공감대에 의존한 것이고, 계몽된 합리주의 시대에 이르러 형이상학적 토대를 상실해 버린 것이 된다. 그러나 이런 견해는 18세기에 볼테르의 연극이 보여 준 거대한 울림을 포착하지 못하고, 그 레퍼토리가 20세기 전반까지도 얼마나 관객을 많이 끌었는지 보지 못한다는 점에서 한계가 있다. 18세기의 위대한 영국 배우 데이비드 개릭David Garrick은 볼테르가 배우에게 대본을 윤색할 여지를 남겨 뒀기 때문에 프랑스 비극작가들 중 가장 뛰어나다는 찬사를 남겼다고 전해진다. 19세기 후반 프랑스의 배우 사라 베르나르Sarah Bernhardt는 자이르 역할을 하며 신파극적으로 죽는 연기 때문에 유명했는데, 그녀는 1874년에 코메디프랑세즈 공연에서 이 배역을 처음 맡았고, 1879년 그녀의 첫 런던 방문에서도 이 배역을 맡았다. 유명 인사들의 사진으로 잘 알려진 파리의 사진작가 에티엔 카르자Étienne Carjat는 베르나르가 자이르 역을 맡은 장면을 찍었다(그림 1). 볼테르의 비극 작품들은 20세기까지 단지 상연되기만 한 것이 아니라 가장 위대한 인기 배우들에게 선택받았던 것이다.

그림 1. 자이르로 분장한 사라 베르나르, 1874년

코메디프랑세즈에서 상연된 볼테르의 연극은 1965년의 『중국 고아』가 마지막이다. 그러나 그의 비극 작품이 오늘날의 무대에서 완전히 사라진 것은 아니다. 낭만주의 시대의 오페라 작곡가들은 리브레토를 쓰기 위해 명망 있는 신고전주의 작품을 탐색했는데, 오페라로 각색된 볼테르의 작품 중 가장 잘 알려진 것으로 로시니의 『탕크레드』와 『세미라미데』 *Semiramide*, 그리고 벨리니의

『자이라』Zaira와 베르디의 『알지라』Alzira가 있다. 존 서덜랜드Joan Sutherland나 메릴린 혼Marilyn Horne 같은 뛰어난 콜로라투라 소프라노 성악가들 덕택에 1960년대 이후 이 벨칸토 레퍼토리에 대한 관심이 되살아났는데, 이는 볼테르의 비극이 어떻게 새로운 음악적 외양을 띤 채 여전히 관객을 사로잡고 주요 예술가들에게 주연의 역할을 맡겼는지를 잘 보여 준다.

18세기는 연극이 지배하던 시대였고, 볼테르의 연극은 파리의 관객들뿐만 아니라 프랑스 전역에서 호응을 얻었다. 배우 르캥은 1753년에 디종으로 가서 일주일 동안 볼테르의 『오이디푸스』와 『마호메트』를 포함한 일곱 편의 비극을 공연했다. 그는 『자이르』의 오로스만 역을 맡으며 그 한 주를 멋지게 마무리했다. 지역 신문은 "엄청나게 많은 군중이 모였"으며 "극장에서 그런 일이 일어났던 적은 없었다"고 보도했다. 그의 연극이 불러일으키는 열광은 프랑스에만 국한되지 않았다. 18세기 프랑스 극단들은 유럽 전역을 순회하며 공연했다. "유럽에 문명을 전파하는" 이 문화적 포교에서 볼테르의 연극은 중심적인 위치에 있었다.

『자이르』의 사례만 보더라도, 이 작품은 18세기에 영어, 이탈리아어, 네덜란드어, 독일어, 에스파냐어, 포르투갈어로 번역되었다. 영국에서는 번역본이 두 종류 출판됐는데, 그중 두 번째인 『자라』Zara는 에런 힐Aaron Hill이 각색하고 잉글랜드에서 제일가는 연극배우 시버 부인Susannah Maria Cibber을 주연으로 삼아 1736년 드루리 레인Drury Lane에서 공연해 큰 성공을 거두었다. 이 작품은 18세기 내내 자라 역의 시든스 부인Sarah Siddons과 뤼지냥 역의 개릭 등 영국의 모든 주요 배우들에 의해 상연되었으며, 북미 여러 도시에서도 영어로 상연되었다. 러시아에서는 『자이르』가 젊은 장교후보생들을 위한 일류 사관학교에서, 나중에는 예카테리나 대제Екатери́на II Алексе́евна Вели́кая가 1764년에 (프랑스의 생시르를 본떠) 설립한 여학교의 학생들에 의해 프랑스어로 상연되었다. 이제 볼테르는 근대 유럽의 고전이 되었다.

배우 볼테르

볼테르는 루이르그랑 시절부터 무대의 마력에 노출됐다. 예수회 교육과정에서 연기는 중심이자 핵심의 위치를 차지했다. 예수회의 교사들은 학생들이 연기할 대본을 쓰고 그들에게 무대 공연의 여러 미묘한 요소들을 가르쳤다. 무대는 고전적 수사학을 체험학습으로 가르칠 이상적인 수단을 제공했다. 학생들은 어떻게 주장을 더 설득력 있게 구성할지, 어떻게 감정을 효과적으로 전달할지, 어떻게 청중을 가장 효과적으로 감동시키고 교육시키며 사상을 전파할지를 배울 수 있었다. 볼테르는 이것들을 결코 잊지 않았고, 상연이 목적이 아닌 글을 쓸 때에도 무대 연기에서 배운 것들을 활용했다.

볼테르는 학창 시절에 연기를 했음이 분명하며, 평생 몸소 (특히 자기 작품을) 연기하는 것을 즐기는 배우로 남았다. 18세기 프랑스에서는 귀족은 물론이고 부르주아지 사이에서도 소위 "사설 극장"이 널리 퍼져 있었다. 볼테르도 먼저 시레 성château de Cirey에 자그마한 사설 극장을 세웠고 나중에는 페르네Ferney에 샤틀렌 극장thé-âtre de Châtelaine을 만들었다. 배우가 부족했기 때문에, 그는 누구든 연기자의 역할을 하도록 최대한 압박했고, 손님들에 대해서도 예외를 두지 않았다. 1739년 시레를 방문한 루이 데마레Louis Desmarets는 48시간 동안 여러 연극의 50개가 넘는 파트를 맡아 연기하도록 요구받았다고 기록했다. 카사노바는 1760년 볼테르를 보러 로잔에 들

렀을 때 그곳의 부인들로부터 볼테르의 "사설" 공연에 배우로 참여했던 경험담을 들었다. 그들은 볼테르가 배우들이 이를테면 운문 낭송에서 하는 아주 작은 실수도 그냥 넘기지 않고 일일이 지적하면서 인정사정없이 고치기를 요구했고, 어떤 부인은 『알지르』 *Alzire*를 연기하면서 거짓으로 울었다는 이유로 꾸지람을 받았다고 말했다. "볼테르는 우리더러 진짜 눈물을 흘리라는 거였죠. 배우가 진짜로 울어야만 관객도 울릴 수 있다나요."

1732년에, 『자이르』의 '정식' 초연이 있은 지 얼마 지나지 않아, 볼테르는 퐁텐-마르텔 부인Mme de Fontaine-Martel의 파리 거처에 설치된 사설 극장에서 뤼지냥 역을 소화했다. 그는 신앙을 지키며 투옥과 유배를 견뎌내는 고결한 가부장의 역할을 맡는 것을 즐겼으며, 다른 사설 극장들에서 계속 뤼지냥 역을 연기했다. 30년이 넘게 지난 뒤 페르네에서도 뤼지냥은 볼테르가 좋아하는 배역이었다. 그의 연기는 다소 즉흥적인 면이 있어서, 그의 비서 바니에르Jean-Louis Wagnière가 회고한 바에 따르면,

어느 날 그가 자택에서 『자이르』를 상연했는데, 그 자신은 뤼지냥 역을 맡았다. 자이르가 자기 딸이라는 사실을 깨닫는 장면에서 그는 너무 펑펑 울어서 대사를 잊어버렸고, 대사를 상기시켜 주는 일을 맡은 사람도 눈물을 흘리느라 그의 신호를 놓쳐서 대사를 알려주지 못했다. 그러자 그는 그 자리에서 즉흥적으로 대여섯 줄의 운문 대사를 읊었는데, 이 대사는 완전히 새로운 것이었고 매우 훌륭했다.

볼테르의 지인들은 언제나 '볼테르 신화'를 창조하는 데 적극적으로 협조했기 때문에, 이 일화를 어디까지 신뢰할 수 있을지는

그림 2. 『자이르』의 뤼지냥을 연기하는 볼테르, 1772년

판단하기 어렵다. 페르네를 방문한 영국인 토머스 오드Thomas
Orde는 1772년 볼테르가 뤼지냥을 연기하는 모습을 실제로 보
며 스케치했는데, 이 그림에서 78세의 볼테르는 무대 위를 뛰어
다니며 희한하게도 이 비극적 역할에 희극적인 형상을 부여한다
(그림 2).

볼테르의 연기에 관한 증인들의 기억을 살펴보면, 그가 무대
의 중심에 서는 것을 꽤 즐겼다는 정황이 나온다. 분명 그는 감정

을 풍부하게 넣어 연기했고 자신의 운문 대사를 장엄한 연설조로 읊었다. 그가 로잔에서 공연하는 것을 본 에드워드 기번Edward Gibbon은 "그의 웅변은 옛 무대의 장관과 억양에 걸맞았고, 그는 자연의 감정보다는 시의 열정을 표현했다"라고 평가했다. 그는 배역의 삶을 일상에서 사는 듯이 감정이입하는 배우method actor는 아니었지만, 그럼에도 명백히 자신이 공감할 수 있으면서 자신을 '볼테르'로서 드러낼 수 있는 배역을 맡아 연기하는 것을 즐겼다. 뤼지냥 역할이 그에게 고귀하고 박해받은 아버지의 모습을 표현할 수 있게 해주었듯이, 그는 자신의 한 면을 드러내 보일 수 있는 배역을 좋아했다. 『알지르』의 알바레스Alvarez를 연기할 때 그는 자신의 이신론[3]과 놀랍도록 비슷한 종류의 어떤 기독교를 옹호하는, 늙어가는 지도자가 되었다. 또 『탕크레드』의 아르지르Argire를 연기할 때 그는, 마치 훗날 1760년대 초반에 위그노 장 칼라스Jean Calas를 변호하며 보여 줄 모습처럼, 부당한 사형판결에 맞서 딸 아메나이드를 지키는 기사가 되었다. 볼테르가 특히 주목받은 것은 그가 자유의 위대한 수호자 키케로를 연기한 『구원받은 로마』Rome sauvée, ou Catilina(1760)에서였다. 볼테르 사후에 콩도르세가 쓴 전기에 따르면, 그의 키케로 연기는 무대에서 배우와 배역 사이에 혼동을 일으켰다.

어떤 배우도, 어떤 배역에서도, 환상을 그 정도로 밀어붙인 적은 없었다. 우리는 로마의 집정관을 목격하고 있었다. 우리가 들은 것은 기억에서 나오는 암기된 시가 아니라 웅변가의 영혼에서 바로 나온

---

3 이신론théisme, 理神論은 유럽 계몽사상의 종교적 측면을 대표하는 조류 중 하나다. 신이 세계를 창조했지만 계시나 기적으로 세계사에 관여하기보다는 최초에 자연에 부여한 법칙에 따라 세계가 작동하도록 내버려둔다는 점에서 신이 합리적 이치와 다르지 않다는 주장을 전개한다. 당대 독실한 종교인들로부터 무신론이라는 비난을 받았다.

연설이었다. 그 공연을 직접 본 사람들은 30년도 더 지난 지금 여전히 『구원받은 로마』의 저자가 이렇게 외치던 순간을 기억한다. "로마인들이여, 나는 영광을 사랑한다. 나는 그것을 숨기지 않겠다." 이 외침이 너무나 진실한 울림을 가졌기에, 관객은 이 고결한 고백이 키케로의 영혼에서 나온 것인지 볼테르의 영혼에서 나온 것인지를 구분할 수 없었다.

볼테르가 자신이 하고 싶은 말을 그대로 하는 인물을 창조함으로써 자신의 비극 작품에 '선전물'을 삽입한다는 비판이 종종 들리는데, 실제로 이는 더 복잡하고 연극의 관점에서 매우 흥미롭다. 볼테르는 피란델로Luigi Pirandello와 라신을 섞으면서 자신을 연극 속에 써넣었다. 이렇게 하여 창조된 인물들은 작가와 똑같지는 않지만 무대 위 작가의 여러 변주들이다. 콤메디아 델라르테commedia dell'arte에서처럼, 인물들은 여전히 자기 자신으로 남아 있으면서도 여러 배역을 연기한다. 이런 장치는 희극에서 흔히 쓰는 것이었으나, 볼테르는 이것을 비극에 차용하며 진지한 생각을 전달하는 데 사용한다.

볼테르는 연극의 영역에 전방위적으로 참여했다. 그는 작가인 동시에 필요에 따라 배우, 단장, 연출가, 대사 안내인이 되었다. 그저 관객으로서 극장에 가는 날에도 그는 어떻게든 공연의 일부가 되고자 했다. 전해 오는 이야기에 따르면, 젊은 시절 코메디프랑세즈에서 그의 비극 『아르테미르』Artémire(1720)가 상연되던 중, 그는 관객을 나무라기 위해 무대 위에 뛰어 올라갔다고 한다. 50년 뒤에도 그는 여전히 샤틀렌 극장에서 멋대로 행동하는 것을 즐겼는데, 물론 이때는 그가 극장의 소유주라는 점에서 차이가 있었다. 페르네를 방문한 한 영국인은 객석에서 들려오는 볼테르의 "유별

나고 잦은 방해” 때문에 무대 위의 연기에 몰입하기 힘들었다고 토로했다. 또 다른 영국인 방문자 존 무어John Moore는 볼테르가 자신이 맡은 배역이 없는 날에도 관객 누구나 볼 수 있는 위치를 차지하고 앉았던 일화를 전한다(참고 1). 볼테르가 배역을 맡건 말건, 페르네 방문객들은 명백히 그의 연기를 보고 즐기려고 샤틀렌 극장에 갔던 것이다.

오늘날 볼테르의 연극들은 그의 작품 중 가장 덜 알려진 것들이다. 그러나 그가 18세기 연극계에서 얼마나 중요한 존재였는지를 무시하고서는 당대에 떨친 그의 탁월한 명성과 막강한 영향력을 이해할 수 없다. 극장은 그에게 강력한 발언대를 제공했고, 그는 반세기가 넘는 문필가의 삶 내내 유럽 전체에 걸쳐 그 무대를 장악하려고 갖은 애를 썼다.

케롤라인 레녹스Caroline Lennox(Lady Holland)는 1767년에 남편과 함께 페르네를 방문한 뒤 여동생에게 이렇게 말했다. “나는 볼테르의 연극을 봤는데, 그가 직접 연기하진 않았지만 매우 흥미로웠단다. 상연된 작품은 모두 볼테르가 쓴 것으로, 단독 작품인 『스키타이인들Les Scythes』과 소품 『옳은 여자Le Femme qui a raison』였지. 무대 연기가 훌륭했지만, 이 공연의 백미는 작품 자체와 배우들의 훌륭한 연기에 대한 볼테르의 격정적인 칭찬이었단다.” 페르네를 방문한 이 영국인들의 일화에 드러나는 볼테르는 사람들의 이목을 끄는 능력이 탁월한 흥행꾼인데, 이런 모습은 우리가 작가로서의 볼테르를 이해하는 데에 핵심적인 열쇠다. 『캉디드』나 『관용론』을 읽을 때, 우리는 샤틀렌 극장의 친밀한 분위기 속으로 초대받았던 볼테르의 벗들과 같은 장소에 있게 된다. 그의 공연은 우리를 감동시키고 흥분시키며 즐겁게도 만들고 울게도 만드는데, 곧 우리는 볼테르가 배후에서 우리를 조종하며 부추기며 대기하고 있

참고 1. 페르네의 샤틀렌 극장에서의 공연

나는 이 극장에 자주 갔다. 배우들은 그럭저럭 실력이 괜찮다. 칭송받는 배우 르캥이 지금 볼테르를 방문하러 페르네에 와 있으면서 종종 무대에 오르지만, 내가 극장으로 가는 주된 이유는 볼테르를 보기 위해서다. 그는 르캥이 연기하는 날이나 자기가 창작한 비극이 상연되는 날이면 대체로 관람하러 오기 때문이다.

그는 무대 위에, 장면 뒤에, 그러나 관객 대부분이 자기를 볼 수 있는 위치를 골라서 앉는다. 그는 연출에 큰 관심을 쏟는데, 마치 자신이 만들어 낸 인물의 운명이 이 공연에 달렸다는 듯하다. 그는 배우가 실수를 하기라도 하면 지극히 분통하고 구역질난다는 감정을 표현하고, 배우들이 연기를 잘하고 있다고 생각하면 반드시 큰 목소리와 동작으로 칭찬한다.

그는 매번 진짜 감정의 각종 발현을 보여 주며 비극의 창작된 고통들 속으로 몰입하는데, 심지어 비극 공연을 처음 보는 소녀처럼 눈물을 펑펑 쏟기도 한다.

때때로 나는 공연 내내 볼테르 근처에 앉아서, 이 팔순 노인이 보여 주는 극도의 감수성을 관찰하며 놀랐다. 우리가 자연스레 생각건대 이렇게 나이가 많이 들면 감각이 무뎌질 터, 어릴 때부터 익히 봐 온 허구인 비극의 거짓 괴로움들에 대해서라면 더욱 그러하지 않겠는가.

게다가 상연되는 이 작품들은 그가 직접 창작한 것이므로 더더욱 그에게는 감정적 효과를 발휘하지 못할 텐데 말이다. 어떤 이들은 그가 쓴 작품들이기 때문에 오히려 그의 감수성이 더 크게 반응하는 것이라고 말한다. 그들은 볼테르가 자기 작품이 상연될 때에만 극장에 나온다는 점을 그 근거로 든다.

물론 자기가 쓴 비극 작품이 공연되는 것을 다른 작품의 공연보다 더 선호한다는 것은 자연스러운 일이다. 그러나 나로서는 자기 스스로 창작한 허구의 고통들에 더 잘 감동하고 속을 수 있다는 것을 이해할 수 없다. 그런데 이 정도의 기만은 한 남자가 눈물을 흘리게 만드는 데 꼭 필요한 것으로 보인다. 이 눈물이 흐르려면, 눈물이 흐르는 동안 그 비통한 문제가 진짜라고 믿어야 한다. 자기가 공연장에 있다는 사실을 잊을 정도로 무대의 정교한 기교에 속아야 한다. 이 모든 것이 허구라는 사실을 깨닫는 순간 그의 공감과 눈물은 멈출 것이 틀림없다.

— 존 무어, 페르네를 방문한 영국인, 1772년 7월

음을 깨닫는다. 이 기획자는 환상을 창조하는 것만큼이나 그것을 깨뜨려 버리는 것을 즐기며, 언제나 공연의 중심에 있다. 그는 단지 연극인일 뿐만 아니라 극장 공연의 달인이다. 그리고 이 강력한 연극조의 감수성이야말로 그의 문학적 성과 전체에서 핵심적인 위치를 차지한다.

2장 에피쿠로스적 시인

볼테르는 무엇보다도 일차적으로 시인이었다. 스스로도 그렇게 생각했고, 동시대인들도 그렇게 생각했다. 그는 긴 생애에 걸쳐 쉼 없이 운문을 창작했다. 이 사실을 강조할 필요가 있는 것은 우리가 디드로의 『백과전서』나 루소의 『사회계약론』 같은 계몽사상의 위대한 기념비를 떠올리면서 그 시대 작품들이 산문으로 쓰였다고 전제하기 쉽기 때문이다. 물론 볼테르도 산문으로 쓴 대작들이 있고, 가장 뛰어난 프랑스어 산문 작가 중 한 명으로 꼽히지만, 그는 그것들을 수많은 운문 창작과 동시에 진행했다. 운문을 산문만큼 사상을 표현하기에 좋은 수단으로 여겼다는 점에서 그는 '철학자들' 중에서도 독특하다.

시 논쟁

루이르그랑의 예수회 교사들은 볼테르에게 고전, 그중에서도 특히 라틴문학에 대한 깊고 변치 않는 애정을 심어 놓았다. 그는 평생 호라티우스, 베르길리우스, 루크레티우스의 시를 원하는 대로 암송할 수 있었다. 볼테르가 지적으로 성숙한 시기인 18세기 초 파리의 지성계는 '고대파와 근대파의 논쟁'Querelle des Anciens et des Modernes으로 갈라져 있었다. 고대파는 고전주의 지식과 지혜가 우월하다고 주장했는데, 적어도 외관상 이것은 문화적 보수주의로 보일 법하다. 반대로 근대파는 근대인들이 고대 세계의 성취를 능가하고 더 앞으로 나아갈 수 있다고 주장했다. 두 입장 모두 이념적으로 복합적이었으며 여러 상이한 문화적·정치적 의제들에 결부될 수 있었다. 하지만 근본적으로 이것은 지적 권위의 토대에 관한 논쟁이었다. 볼테르의 입장은 그답게 역설적이었다. 한편으로 그는 진보와 과학의 발전에 대한 근대파의 신념을 명백히 지지했지만, 다른 한편 문화적 신념에서는 고전주의 모형이 우월하며 그것이 여전히 유효하다고 믿는 고대파이기도 했다. 운문에 적대적인 것으로 잘 알려져 있던 근대파는 운문이 작가의 생각을 명확하고 논리적으로 전달하는 것을 불필요하게 복잡하게 만드는, 낡은 표현 형태라고 주장했다. 그러나 볼테르는 분명 완고하게 시를 옹호한 고대파의 편이었다.

서사시

시인의 자격을 인정받는 데 가장 유력한 방법은 서사시를 쓰는 것이었다. 볼테르는 십대 후반에 바로 이 작업에 착수했다. 오늘날 『앙리아드』La Henriade로 알려진 작품은 1713년에 시작된 매우 야심찬 기획이었다. 전 세기에 프랑스에서 몇몇 서사시가 나왔지만 고전의 반열에 든 작품은 없었기에, 볼테르는 국민적 서사시를 한 편 쓰기로 마음먹었다. 그가 소재로 삼은 것은 16세기 프랑스의 종교전쟁으로, 개신교도인 '나바르의 앙리'가 '프랑스 왕 앙리 4세'가 되기 위해 가톨릭으로 개종함으로써 종교전쟁을 종결지은 사건이다. 이 서사시에서 볼테르는 베르길리우스를 모범으로 삼아 고전 시의 익숙한 요소들을 모두 차용했는데, (앙리 4세의 개종 예언과 같은) 경이, '불화'나 '광신' 같은 의인화된 우화적 요소 등이 그것이다.

동시에 볼테르는 이 시를 종교적 관용의 장점들을 보여 주는 사례로 만듦으로써 자신의 소재에 근대적인 정치적 빛깔을 입혔다. 그는 프랑스 당국의 공식적인 출판 허가를 기대했고 심지어 루이 15세에게 『앙리아드』를 헌정할 수 있도록 허락을 구하기도 했는데, 이 시가 가톨릭에 대한 명시적 비판들을 포함했다는 점을 고려하면 그의 희망은 아마도 너무 순진했던 것으로 보인다. 섭정은 그를 알고 있었음에도 국왕을 대신해서 이 제안을 일언지하에 거절했다. 그래서 볼테르는 루앙에서 1723년에 이 책을 지하출판 하는 수밖에 없었는데, 이 판본의 제목은 16세기에 개신교에 맞서 가톨릭을 옹호한 당파의 이름을 따 『신성동맹』La Ligue이라 지었다. 그는 이 시를 계속 수정하고 증보했으며, 영국 조지 2세의 왕비인 캐롤라인Caroline of Brandenburg-Ansbach에게 헌정된 새 판본은 1728년에 런던에서 『앙리아드』라는 새 제목을 달고 출간됐다. 이 작품은 볼테르 생전에도 칭송받았고 19세기까지도 널리 읽히고 번역되었으며 그 시기에 이미 고전의 반열에 올랐다. 볼테르는 국민적 서사시를 쓰겠다는 목표를 이루고 프랑스의 베르길리우스가 된 것이다.

자유분방한 운문

아무리 논란이 많은 작품이라 할지라도, 서사시를 쓰는 것은 진지한 시인으로서의 입지를 다지는 일이었다. 그런데 볼테르는 주로 수고手稿 형태로 유통된 자유분방한 시를 써서 '절반만 공적인' 또 하나의 정체성을 만들었다. 그는 곧 조숙한 유려함을 갖춘 시인으로 명성을 얻었고, '탕플 협회'Société du Temple에 속하게 되었다. 탕플 협회는 유력한 귀족을 포함하는 자유사상가 집단으로, 숄리외Guillaume Amfrye de Chaulieu나 라파르Charles-Auguste de La Fare 같은 이전 세대의 유명한 시인들을 회원으로 뒀다. 그들은 젊은 볼테르를 격려했고, 그는 그들의 운문과 삶 모두를 전형적으로 보여 주는 우아하고 자유분방한 사상을 흡수했다.

탕플 협회에서 탄생한 시는 기본적으로 가벼운 운문으로, 포도주, 여성, 노래의 에피쿠로스적 향락을 소재로 삼았다. 볼테르는 이런 우상파괴적 자유의 분위기에서 물 만난 고기와도 같았으며 풍자시에 특출한 재능을 보였다. 그런 시들은 익명으로 유통되었으며 순식간에 작가에게 명성과 악명을 동시에 가져다주었다. 경찰은 곧 이 "익명" 시들 중 볼테르가 쓴 것이라 특정할 수 있음 직한 것들의 사본을 만들었고, 섭정을 풍자한 시들 때문에 결국 그는 여러 차례 바스티유에 투옥되는 신세가 되었다.

탕플 협회의 에피쿠로스적 향락주의는 그 특징이 단순한 쾌락 추구에 있는 것이라고 말할 수는 없다. 고대 그리스 철학자 에피쿠로스Επίκουρος; Epicurus는 즐거움이란 최고의 선인데, 그것은 검소한 삶, 고통과 공포의 부재, 그리고 욕망의 한계에 대한 인식에서

기인하는 마음의 평온을 통해 가장 잘 얻을 수 있다고 가르쳤다. 정신적 쾌락이 육체적 쾌락보다 더 중요했고, 우정의 가치가 강조되었다. 에피쿠로스주의는 초창기부터 기독교에 의해 이단으로 간주되었지만, 프랑스에서는 17세기에 철학자 피에르 가상디Pierre Gassendi가 에피쿠로스를 다룬 디오게네스 라에르티오스Διογένης ὁ Λαέρτιος; Diogenes Laërtius 제10권을 번역하고 주석을 달면서 널리 알려지게 되었다. 볼테르는 이 저작을 접했을 것이고, 또한 예수회 교육 덕분에 (그가 숭배한) 로마 시인 호라티우스의 작품과 루크레티우스의 시집『사물의 본성에 관하여』De rerum natura; On the Nature of Things에서 표현된 에피쿠로스주의를 손바닥 보듯 잘 알았다.

에피쿠로스주의의 형이상학적 체계는 그 윤리적 원칙들만큼이나 볼테르의 사고에 큰 영향을 미쳤다. 에피쿠로스는 유물론적 세계관을 견지했는데, 이에 따르면 물질과 신을 포함한 모든 존재는 원자로 구성된다. 이 세계관에서 신들은 존재하지만 섭리(신들이 목적으로 갖고 인간사에 개입한다는 관념)란 존재하지 않았다. 그러므로 기도는 불필요한 것이었다. 에피쿠로스주의자들은 종교적 미신과 신들에 대한 두려움을 경멸하며 일체의 내세 관념을 거부한다. 이런 입장은 무신론으로 이어질 수도 있지만 필연적으로 그렇게 되는 것은 아니다. 에피쿠로스가 "종교 없는 신학"을 설파했다는 말이 있는데, 우리는 볼테르에 대해서도 같은 평가를 내릴 수 있을 것이다.

신이 있으며, 이 신이 우주를 창조한 다음에는 인간사와 거리를 둔다고 믿는 것은 18세기에 "이신론" 또는 "자연종교"라고 불렸고, 가상디가 에피쿠로스주의를 소생시킨 것에 그 연원을 둔다. 어떤 학자들은 이신론적 신에 대한 볼테르의 믿음이 "진정성"이 있는 것인지를 의심했다. 영국 학자 시오도어 베스터먼Theodore

Besterman이 볼테르가 마음속에서는 무신론자였다고 단호하게 주장한 반면, 저명한 프랑스 학자 르네 포모René Pomeau는 볼테르의 이신론이 진심 어린 신앙이었다고 주장했다. 이 문제를 이렇게 이신론이냐 무신론이냐의 양자택일로 설정하는 것은 어쩌면 18세기의 관점이라기보다는 오늘날의 관점일 수도 있다. 볼테르는 기질상 형이상학적 사유보다는 현실적 해결책에 끌렸기에, 분별 있고 합리적인 신이라는 관념에 불편함을 느끼지 않았다.

논쟁의 여지가 없을 정도로 분명한 사실은 그의 종교적 믿음(그게 무엇이든)의 원천이 기독교 이전의 고대에 있다는 점, 그리고 그가 철학자들의 산문이 아니라 주로 라틴어 원문으로 호라티우스와 루크레티우스의 장대한 시를 읽음으로써 에피쿠로스에 대한 지식을 얻었다는 점이다. 그러니 그가 종교에 관한 시를 쓰는 것만큼 자연스러운 일도 없었을 것이다. 종교적 교조주의를 비판하는 풍자가로서 그의 입지를 제대로 다진 것은 『우라니아에게 보내는 편지』 *Épitre à Uranie*라는 시였다. 익명으로 발표된 이 시에서 볼테르는 "현대판 루크레티우스"로 분해서 상상 속의 여인에게 종교의 신비를 설명한다. 그는 기독교의 신은 잔인하며 인간을 자기와 닮게 만들었다고 말하고, 예수의 윤리적 가르침을 칭찬하는 동시에 기독교의 교리를 맹렬히 비난한다. 그는 "자연종교"를 지지하고, 모든 인류가 정의로운 자로 인식하는 신을 옹호하며 시를 끝맺는다.

볼테르는 1722년 이 선언문을 쓰며 이 대담한 기독교 비판이 정식으로 출판될 수 없다는 사실을 잘 알고 있었다. 그러나 출판이 꼭 인쇄소를 거쳐야만 이루어지는 것은 아니었다. 구체제 프랑스의 법에 따르면 수기문서는 인쇄된 책과 같은 엄격한 사전검열 체제의 적용을 받지 않았으므로, 그는 『우라니아에게 보내는 편지』를 수고 상태로 유통시켰다. 이에 대해 질문을 받게 되면 그 시가 존경하는 선배 숄리외의 작품이라고 차분하게 대답하곤 했는데, 숄리외는 이미 죽은 뒤였으므로 이 대답은 모두의 구미에 맞았다.

볼테르는 숨이 멎기 직전까지 내내 시를 썼다. 그의 시가 모두 에피쿠로스적인 것은 아니지만, 젊은 시절의 철학적 영감은 오래도록 그에게 중요한 주제로 남았다. 에피쿠로스적인 자유분방함은 잔 다르크를 다룬 외설적인 의擬서사시 『오를레앙의 처녀』 *La Pucelle d'Orléans*에서 풍부하게 드러나는데, 그는 이 소재가 정식출판이 불가능한 것임을 알고 가까운 친구들에게 수고 상태로 돌렸다. 조지 버나드 쇼George Bernard Shaw가 연극 『성녀 존』 *Saint Joan*의 서문에서 말했듯이, 이 시는 "볼테르가 자기 시대의 제도와 유행 가운데 정당한 이유로 미워한 모든 것을 조롱의 방식으로 죽이기 위해" 쓴 것이었다. 볼테르는 사치에 관한 당대 논의에도 『사교계 인』 *Le Mondain*(1736)이라는 시를 통해 참여했다. 여기서도 에피쿠로스적 영감이 작동한다. 이 시는 샹파뉴 병마개를 따는 소리를 근대성의 상징으로 내세웠다는 점에서 기억할 만하지만, 그것이 전개하는 철학적 논쟁도 진지하고, 부분적으로는 사상을 논의하는 데 운문을 사용하는 것에 대한 변호이기도 하다. 그는 만년의 유려한 작품 『호라티우스에게 보내는 편지』 *Épître à Horace*(1772)에서, 로마의 저 위대한 시인은 아우구스투스를 의식해야 했지만 자신은 군주들의 비위를 맞추지 않아도 된다며 자신과 호라티우스의 입장을 비교했다. 1770년대에는 진지한 철학적 운문이라는 개념이 시대에 뒤진 것이 되었지만, 78세의 볼테르는 여전히 자신을 가장 위대한 에피쿠로스적 시인과 시적 대화를 나누는 모습으로 드러내려고 노력했다.

샤틀레 부인을 위한 소절 Stances à Mme du Châtelet

이 시는 볼테르의 서정적 목소리가 독자를 가장 잘 사로잡은 대표적인 작품이다. 그는 40대 후반인 1741년에 「샤틀레 부인을 위한 소절」(이하 「소절」)을 썼다.

내가 여전히 사랑하길 바란다면	Si vous voulez que j'aime encore,
내게 사랑의 나이를 돌려 주게나	Rendez-moi l'âge des amours;
이 삶에 내리는 땅거미에	Au crépuscule de mes jours
다시 새벽빛을 비춰 주겠소	Rejoignez, s'il se peut, l'aurore.
포도주의 신이 사랑으로	Des beaux lieux où le dieu du vin
다스리는 저 아름다운 제국에서	Avec l'Amour tient son empire,
시간은 내 손을 잡고	Le Temps, qui me prend par la main,
이제 떠나라고 말하네	M'avertit que je me retire.
시간의 엄정함에서 적어도	De son inflexible rigueur
뭔가 얻어 내보려 하네	Tirons au moins quelque avantage.
나이에 맞는 정신을 갖지 못하면	Qui n'a pas l'esprit de son âge
그 나이의 고통만을 안고 가는 법	De son âge a tout le malheur.
그토록 힘차던 격정은 모두	Laissons à la belle jeunesse
아름다운 젊은 날에 남겨 두리	Ses folâtres emportements:
삶이 두 순간뿐일진대	Nous ne vivons que deux moments;
적어도 하나는 현명해야지	Qu'il en soit un pour la sagesse.

아! 나를 버리고 가는가

다정함, 헛된 꿈, 어리석은 정열이여

생의 쓰라림을 달래라고

하늘이 내린 선물이여

그렇지 죽음은 두 차례 오는 것

더 이상 사랑하지 못하고 사랑스럽지 않다면

죽음이란 그야말로 견딜 수 없는 것

삶이 끝나는 것은 아무것도 아니지

이제는 젊은 시절 실수들을

영원히 상실함을 이렇게 한탄하며

아직도 욕망에 부푼 내 영혼은

지난날의 방황을 아쉬워하네

고맙게도 하늘에서 나를 구원하러

우정이 내려와 주었다네

우정은 사랑만큼 부드럽지만

그만큼 강렬하진 않더군

우정의 신선한 아름다움과

밝은 빛에 감동받아

우정을 따라갔지만

따를 것이 우정뿐이라 나는 눈물 흘렸네

Quoi! pour toujours vous me fuyez,

Tendresse, illusion, folie,

Dons du ciel, qui me consoliez

Des amertumes de la vie!

On meurt deux fois, je le vois bien:

Cesser d'aimer et d'être aimable,

C'est une mort insupportable;

Cesser de vivre, ce n'est rien.

Ainsi je déplorais la perte

Des erreurs de mes premiers ans;

Et mon âme, aux désirs ouverte,

Regrettait ses égarements.

Du ciel alors daignant descendre,

L'Amitié vint à mon secours;

Elle était peut-être aussi tendre,

Mais moins vive que les Amours.

Touché de sa beauté nouvelle,

Et de sa lumière éclairé,

Je la suivis; mais je pleurai

De ne pouvoir plus suivre qu'elle.

이것은 볼테르 시에 담긴 애가의 어조를 잘 보여 준다. 시인은 시간이 흘러가고 젊음이 사라지는 것을 통탄하고, 우정이 사랑을 대체하게 되었음을 체념하며 받아들인다. 표현된 감정들만 놓고 보면 새로운 것이 없기 때문에, 볼테르가 독창적인 시적 목소리를 가졌다고 주장하기는 힘들지도 모른다. 그러나 시의 음악적 운율과 그가 유려하고 우아하게 전통적인 에피쿠로스적 주제를 다시 불러들이는 방식은 대단히 매력적이며, 이 덕분에 「소절」은 유명해졌다.

볼테르는 독자와 놀라운 친밀함을 만들어 내는데, 그는 이 시를 애초에 편지의 일부로 썼던 것으로 보인다. 1741년 7월 그는 당시 동반자였던 에밀리 뒤 샤틀레Gabrielle Émilie Le Tonnelier de Breteuil, Marquise Du Châtelet와 브뤼셀에 머무르고 있었는데, 이 시를 루이르 그랑의 친한 동창이자 루앙의 법관이며 시 애호가인 시드빌Pierre-Robert Le Cornier de Cideville에게 보낸 편지에 동봉했다. 우정 대 사랑의 진부해 보이는 대립도 이 맥락 속에 놓고 보면 새로운 활력을 얻는다. 볼테르가 애인과 함께 있으면서 가장 오랜 친구에게 편지를 쓴 것이기 때문이다. 시의 친밀성을 고려할 때 그가 그것을 출판하려고 서두르지 않은 것은 자연스러워 보인다. 그러나 한편으로 그는 그럴 필요가 없었다. 곧 사본이 만들어져 유통되었던 것이다. 2년도 지나지 않아 이 시는 어느 신문에 실렸고, 1746년부터는 볼테르의 저작선집에 포함되었다. 시를 둘러싼 비밀스러움, 즉 원래는 근본적으로 사적인 글인데 어쩌다 보니 인쇄물로 유통되게 되었다는 점이 「소절」의 성공을 보장했다.

그것은 막대한 성공을 거뒀다. 「소절」은 인쇄물에 자주 등장했고, 볼테르와 친분이 있던 작곡가 라보르드Jean-Benjamin François de la Borde는 그것에 곡조를 입혔다. 19세기에는 낭만주의 작가 샤토브

내가 당신을 계속 사랑하길 바라신다면
사랑의 시간을 내게 돌려주세요

저녁에 서광을 주실 건가요?
이슬 덮인 초원이 펼쳐진 공원에서
풀잎은 빛을 받아 유리처럼 빛나고
사랑이 있는 푸르른 초지에
황백색과 어두운 색의 포도송이들이 짜이길 기다리는
낙원에서 시간이 나를 쫓아버렸지요

만일 우리가 지금 삶의 시간에 맞추지 못하면
오직 그것의 해악들만 남게 된답니다

삶은 우리에게 두 순간, 두 계절을 주고
그중 하나는 지루하답니다
두 죽음을 주는데, 사랑하는 것을 멈추고 사랑스럽기를 멈추는 것이
진정한 죽음이고, 그에 비해
다른 죽음은 아무 것도 아니지요

지나가 버린 격정을 그리워하며 눈물 흘려도
우리에게 남은 것은 조용한 대화,
첫 대화와 다른, 활력이 줄어든 부드러운 대화뿐이니
다들 말하듯이 우정을 따라가는 수밖에요
달리 따를 것이 없음에 흐느껴 울며

리앙François-René de Chateaubriand의 찬사를 받았고, 푸시킨Александр
Сергеевич Пушкин; Alexander Sergeyevich Pushkin에 의해 러시아어로 번
역됐다. 그 뒤로도 시인들은 「소절」에 응답했고, 에즈라 파운드
Ezra Pound는 심상주의Imagism의 문체로 모방시를 써서 그것을 "새
롭게 만들었다"(참고 2). 파운드는 볼테르가 철학자로서 대표했던

모든 것을 받아들이면서 그의 운문에 응답했다. 파운드는 볼테르의 투지에 넘치는 합리주의를 지지했으며 『휴대용 철학사전』 *Dictionnaire philosophique portatif*의 '창세기' 항목을 번역했는데, 이는 그가 1918년 4월에 마거릿 앤더슨에게 보낸 편지에 썼다시피 그 항목이 "'한때 볼테르라 불린 사람이 살았다는 점'을 일깨우는 것은 전혀 나쁠 게 없기" 때문이었다.

고대파 대 근대파

작가로서 인정받기 위한 볼테르의 전략은 명백하다. 조숙한 시인으로서의 재능을 확인하고 자신의 능력에 대한 넘치는 확신을 동력 삼아, 그는 아리스토텔레스 이래로 가장 위신이 높으면서 어려운 것으로 인정받은 고전주의 운문 비극과 서사시 장르에서 입지를 세우려고 의식적으로 노력했다. 이와 동시에 고대의 전통을 모방하는 것으로 만족하지 않고 혁신을 향한 의지를 드러냈다. 그는 이전 세기의 자유분방한 전통에서 시적 문체뿐만 아니라 하나의 사고방식을 획득했는데, 에피쿠로스주의가 바로 그것이다. 그의 에피쿠로스적 세계관에 따르면 인간은 감각적 존재이며 모든 철학적 사유의 출발점이다. 볼테르는 문제에 합리적으로 접근했고, 형이상학적 기미를 풍기는 것을 대단히 싫어했다. 인간의 이성에 대한 믿음, 교조주의에 대한 혐오, 의심에 대해 열린 자세 따위가 그의 좌우명이었으며, 이는 이 에피쿠로스적 시인의 초기작에 이미 내재해 있었다.

볼테르의 다양한 초기 작품의 근저에는 종교 문제에 대한 끊임없는 관심이 놓여 있다. 『우라니아에게 보내는 편지』에서 그는 인류 전체가 공유하는 (그리고 신약성서의 윤리적 가치와 대체적으로 합치하는) 신념들의 집합으로서 "자연종교"를 공공연히 이야기한다. "하늘의 영원한 지혜가 자신의 손으로 당신들의 마음 깊은 곳에 자연종교를 직접 새겨놓았음을 기억하라."『앙리아드』에는 "신은 모든 사람의 마음속에 자연법을 새겨놓았다"라는 구절이 있다. 서사시답게 어조는 약간 더 담담하고, 과도하게 설교하는 문제가 아니지만, 배후에 깔린 생각은 같다. 그가 쓴『오이디푸스』같은 고전주의 비극에서도 우리는 잔인한 신들에 맞닥뜨린 인간의 순수함에 대한 은근한 암시나 사제들이 사기꾼이라는 공격을 발견하게 된다.

볼테르는 고전주의 모형을 선택했다는 점에서는 보수적이지만 그것을 실제로 사용하는 방식에서는 혁신적이었다. 그는 고대파가 됨으로써 근대파가 되기로 한 것이다. 처음부터 그는 자유사상가이자 당국의 눈엣가시로 명성을 얻었고, 그 후에도 그 명성은 걷히지 않았다. 동시에 그는 존경받진 못하더라도 최소한 인정받기를 원했다. 내부자인 동시에 외부자이고 싶은 마음의 충돌이 빚어낸 이 같은 긴장은 그의 전매특허 같은 것으로서, 평생 그를 따라다녔다. 정말이지 여러 면에서 그는 회고적인 급진주의자, 보수적인 우상파괴자였다.

오늘날 가장 잘 알려진 볼테르의 면모는 무엇보다도 기독교와 더 넓게는 기성 종교 일반에 대한 그의 적개심이다. 그리고 이 평판은 그가 초기부터 시라는 형식을 통해 확립한 것이다. 그가 초기에 보여 준 에피쿠로스적 시인으로서의 모습에서 두 가지가 놀랍게 다가온다. 첫째는 그의 비범하고 조숙한 재능이고, 둘째는 그의 조심성 부족과 무모함이다. 신중하지 못한 언사는 이미 그의 성격으로 알려졌지만, 1726년에 그는 난처한 문제에 봉착하게 된다. 그가 조롱했던 어느 귀족이 하인들을 시켜 그를 길거리에서 폭행했기 때문이다(샤보 백작 로앙Chevalier de Rohan, comte de Chabot은 마차 안에서 안전하게 이 폭행을 지휘했던 것으로 보인다). 시인들은 맞아도(프랑스어로는 '아루에à rouer; 차형에 처하다; 마차로 치다'인데, 이는 결국 그가 아루에Arouet라는 본명을 버려야만 했던 이유 중 하나이기도 했다) 싸다는 통념은 진부한 것이었는데, 시인으로서 그 진부한 통념의 실제 대상이 되는 것보다 더 큰 굴욕이 또 있겠는가? 볼테르의 자존심은 회복하기 어려울 만큼 망가졌고, 그의 이 같은 굴욕은 중대한 결과들로 이어질 것이었다.

3장 영국인

2007년 프랑스 대통령 선거운동 중에, 사르코지Nicolas Sarkozy 후보는 런던을 방문해 '시티'[런던 금융개]에서 일하고 있는 프랑스 사업가들에게 그들이 볼테르의 발자취를 따르고 있다고 연설하여 청중을 놀라게 했다.

　상업은 영국의 시민들을 부유하게 만들어서 그들의 자유에 기여했고, 다른 한편 이 자유는 영국의 상업을 팽창시켜서 결과적으로 국가를 위대하게 만들었다.

사르코지의 친영국적 연설문의 일부라고 해도 이상하지 않을 이 말은 1733년에 런던에서 초판이 출간된 볼테르의 『영국인에 관한 편지』*Lettres sur les Anglais; Lettres philosophiques*에서 발췌한 것이다.

볼테르가 바스티유의 폭정으로부터 벗어나 자유의 땅을 밟기 위해 망명객으로서 영국에 갔다는 신화는 널리 알려져 있다. 이 근사한 이야기는 볼테르가 그것의 창조에 관여했기 때문에 더욱 멋진 면이 있지만, 기본적으로 이것은 신화일 뿐이다. 사실 그는 런던에 사업차 방문했다. 이 진실은 신화보다 평범하지만 그렇다고 덜 흥미로운 것은 아니다. 그는 『앙리아드』를 정식으로 출판하고 싶었지만 프랑스의 검열제도 아래서는 그것이 불가능했으므로 런던에서 본인이 직접 출판을 진두지휘하기로 결심했던 것이다. 이를 위해 영국에서 쓸 추천서를 모으던 중에 로앙에게 폭행당하는 사건이 터졌고, 성격이 급한 볼테르가 로앙에게 결투를 신청하지 못하도록 당국은 그를 바스티유에 감금했다. 나중에 그는 즉시 영국으로 떠난다는 조건으로 석방됐다. 그의 투옥은 그의 영국행을 늦췄을 뿐, 그것의 원인은 아니었던 셈이다.

그가 런던을 행선지로 선택한 것은 놀랍지 않다. 위그노로 알려진 프랑스 개신교도들에 대해 제한적 보호를 제공했던 낭트 칙령이 1685년에 철회되자, 많은 위그노가 프랑스를 떠나 네덜란드나 영국에 정착했다. 런던에 자리 잡은 위그노들 중 일부는 인쇄출판업에 종사했으며, 1720년대에는 이미 프랑스어를 하는 인쇄업자와 출판업자의 공동체가 존재했다. 그들은 오늘날 스트랜드 Strand라고 불리는 지역의 북쪽에서, 가톨릭 프랑스왕국을 성가시게 할 수 있는 책을 출판할 만반의 태세를 갖추고 있었다.

볼테르, 영어를 배우다

볼테르는 1726년 5월 런던에 도착해서, 도시 남쪽의 시골마을 완즈워스Wandsworth에 사는 상인 친구인 포크너Everard Fawkener의 집에 머물렀다. 그는 영어를 몰랐으므로 어느 젊은 퀘이커 교도에게서 영어를 배웠는데, 이 퀘이커 교도는 훗날 조지프 애디슨 Joseph Addison이 발행하는 일간지 『관찰자』The Spectator의 지면을 빌려 볼테르에게 영어를 가르친 경험담을 출판했다. 연말에 런던의 공연철이 시작될 무렵 볼테르는 시내로 옮겨왔으며, 1727년부터 1728년까지 메이든 레인Maiden Lane의 화이트 퍼루크 White Peruke에 거주했다(지금은 보드빌 극장 뒤의 녹색 팻말이 그 자리를 표시해 준다). 이곳은 프랑스어를 구사하는 인쇄소들과 가까워서 편리한 위치였다. 18세기 프랑스의 다른 작가들도 영국을 방문했었지만(몽테스키외, 프레보, 루소 등), 그들은 방문객일 뿐이었다. 볼테르는 1728년 가을에 떠날 때까지 2년 반이라는 꽤 긴 시간을 머물렀다는 점과 영어를 제대로 배우기 위해 노력했다는 점에서 그들과 달랐다.

볼테르는 이 새로운 문화에 빠져들었고, 곧 영어로 폭넓은 독서를 하게 되었다. 그는 특히 셰익스피어의 작품 상연을 보러 런던의 극장을 자주 드나들었으며, 가장 잘 나가는 작가들 및 시인들과 친분을 쌓았다. 영국에서 이미 그의 이름이 알려져 있긴 했지만, 인맥을 넓히는 그의 기술이 탁월했던 것은 분명하다. 그는 존 게이John Gay와 친해졌고, 게이는 그에게 『거지 오페라』The Beggar's Opera를 초연 전에 보여 줬다. 또 그는 조너선 스위프트Jonathan Swift와도 가까워졌고 『걸리버 여행기』Gulliver's Travels가 1727년에 출간되자마자 바로 읽었다. 볼테르는 새로 배운 영어를 잘 써먹었던 게 틀림없다. 알렉산더 포프Alexander Pope가 트위크넘Twickenham으로 그를 초대했는데, 전해지는 이야기에 따르면 포프의 노모가 볼테르의 악화된 건강에 관해 걱정스레 묻자 그는 이렇게 대답했다고 한다. "제가 꼬마 시절에 망할 놈의 예수회가 하도 저를 망쳐 놔서[1] 평생 극복을 못할 듯합니다." 이 일화를 기록한 토머스 그레이Thomas Gray는 불쾌하다는 듯이 "볼테르는 이 말을 하인들이 듣는 데서 영어로, 큰 소리로 했다"고 덧붙였다. 전해지는 또 다른 일화에 따르면, 그는 밀턴John Milton이 『실락원』*Paradise Lost*에서 죄Sin와 죽음Death을 의인화한 것을 조롱했는데(그는 그 밖의 면에서는 이 작품을 칭송했다), 이를 두고 에드워드 영Edward Young은 이런 경구를 지었다.

너무나 날쌔고, 헤프고, 야윈 당신을 보노라면
우리는 동시에 밀턴, 죽음, 죄를 떠올리게 된다[2]

당시 런던에서 시각예술 또는 헨델George Frideric Handel 덕택에 명성이 드높았던 오페라가 볼테르의 관심을 끌었다는 증거는 거의 없다. 볼테르는 글을 쓰는 사람이었고, 그를 매혹한 것은 영국의 문학이었다. 최근 볼테르가 고위층 토리 당원이자 월폴 정부의 유명한 반대파인 배서스트 백작Allen Bathurst, 1st Earl Bathurst에게 쓴 편지가 새로이 발견되었는데, 백작은 포프, 스위프트, 프라이어Matthew Prior, 콩그리브William Congreve, 그리고 (훗날) 스턴Laurence Sterne 등을 벗 삼은, 교양 있는 후원자였다. 이 편지는 감사 편지로서, 볼테르가 영국에서 프랑스로 돌아간 지 얼마 되지 않은 1729년에 파리에서 써서 (훗날 일체스터 경Lord Ilchester이

---

1 볼테르는 이 대목에서 항문성교를 많이 당했다는 것을 암시하는 단어(buggered)를 사용한다.

2 이 경구의 원문은 다음과 같다. 에드워드 영은 각 단어의 각운을 맞춤으로써 볼테르를 은근히 비판하고 있다. You are so witty, profligate, and thin, / At once we think thee Milton, death, and sin.

될) 폭스Stephen Fox가 배달한 것인데, 인상적일 만큼 유창한 영어로 작성됐다.

> 친애하는 백작님, 런던에 있을 때 당신께서 베풀어 주신 친절함에 대해 제가 표하고자 하는 깊은 감사의 마음을 폭스 씨의 손으로 전해 드린다면 더 잘 받아 주실 것이라 희망해 봅니다. 저는 백작님께서 베풀어 주신 호의, 당신의 정감 가는 성격, 당신 집에서 제가 누렸던 자유로움, 리칭스Richings의 그 멋진 도서관을 마음대로 사용한 날들을 평생 잊지 못할 것입니다.

볼테르가 영국에서 가장 위대한 문학 후원자들 중 한 명의 "집에서 누렸던 자유로움"을 이야기한다는 것, 그 집의 도서관을 자유롭게 이용할 수 있었다고 말한다는 것은 이색적이다. 그는 전형적인 관광객이 결코 아니었다. 그는 공부하고 출판하러 영국에 갔고, 새로운 인맥을 솜씨 좋게 구축함으로써 자신의 목적을 달성했다.

볼테르와 런던의 출판계

볼테르는 영어로 서사시와 프랑스 종교전쟁에 관한 적은 분량의 책을 써서 1727년 12월에 『프랑스 내전과 호메로스부터 밀턴까지 유럽의 서사시에 관한 고찰』*An Essay Upon the Civil Wars of France and also Upon the Epic Poetry of the European Nations from Homer down to Milton*(이하 『고찰』)이라는 제목으로 출간했다. 이것은 사실 영국인들로 하여금 몇 달 뒤 내놓을 『앙리아드』를 이해할 수 있도록 미리 교육시키는 일종의 판촉 활동이었다. 볼테르는 영국의 독서 대중에게 영어로 직접 발언하는 것을 서슴지 않는다.

> 이제 겨우 18개월 정도 영국에 살아 본 여행자가 자신이 발음할 줄
> 도 모르고 대화에서는 알아듣지도 못하는 언어로 글을 쓰는 것은 너
> 무 건방져 보이기도 한다. (……) 나는 영어가 세련된 고급 언어이
> 며, 영국에서 프랑스어 구사 능력이 일종의 성취로 인정받는 것과
> 마찬가지로 영어도 프랑스에서 학습해야 할 언어라고 생각한다. 게
> 다가 나는 그저 개인적 만족과 발전을 위해서만이 아니라 일종의 의
> 무로서 영어를 배웠다.

석 달 뒤인 1728년 3월 런던에서 서사시 『앙리아드』가 출간됐
다. 섬세한 동판 조각에 세밀하게 인쇄된 멋진 4절판quarto으로,
3기니의 가격표가 붙었다. 본문은 프랑스어였지만, 책 서두에는
큰 영어 대문자로 "왕비에게"라는 헌사가 인쇄됐다. 이 "왕비"는
웨일즈의 공주일 때 가난한 볼테르에게 연금을 하사했던 캐롤라
인 왕비였다. 그는 출판 자금을 마련할 방편으로 사전 구독 예
약을 받았는데, 이 구독자 목록은 마치 휘그Whig와 토리Tory를
아우르는, 영국 명문가의 출석부와도 같았다. 우리는 그저 볼테
르의 인맥 구축 능력에 혀를 내두를 뿐이다. 그는 영국에 온 목
표를 달성했으므로 이제 프랑스로 돌아갈 법도 했으나, 오히려
새로운 기획에 착수했다. 그것은 그가 위의 『고찰』에서 이미 암
시했던 바 있는데,

> 영국 여행의 보고서를 쓸 차례다. (……) 바울 대성당, 런던 대화재
> 기념비, 웨스트민스터, 스톤헨지 등에 대한 정확하고 사실적인 묘사
> 는 다른 이들에게 미루고, 나는 영국을 다른 관점에서 보겠다. 영국

은 내게 뉴턴Isaac Newton, 로크John Locke, 틸로트슨John Tillotson, 밀턴, 보일Robert Boyle 같은 인물들을 두루 배출한 땅으로서 경이롭게 보이며, 이런 인물들이 전쟁, 문학, 국정운영에서 얻은 영광은 이 섬나라 너머에서도 빛날 것이다.

다시 말해 볼테르는 영국 여행기를 쓰겠다고 다짐한 것이다. 여행기는 흔한 장르였고 영국을 다녀온 여행객들이 여인들의 아름다움을 평가하거나 옥스퍼드 나들이를 묘사하는 것은 정해진 의례와도 같았다. 그러나 이 계획선언서에서 보다시피 볼테르는 흔한 관광객이 아니었으며, 그가 만일 옥스퍼드를 방문했다 하더라도 다행히 우리는 그가 거기서 본 것들에 대한 아마도 신랄했을 비평을 듣지 않아도 된다.[3] 그는 평범한 여행기가 아닌 새로운 것을 쓸 계획이었다. 그는 문학과 학문의 "대가들"을 묘사함으로써 한 민족의 초상화를 그리려고 했다.

영국인들에 관한 편지

볼테르는 1727년 영국에서 『영국인들에 관한 편지』(이하 『편지』)를 쓰기 시작해서, 프랑스로 돌아온 뒤에도 작업을 이어 나갔다. 그는 이 책을 프랑스어로 썼지만, 초판은 영어로 번역된 『영국인들에 관한 편지』Letters Concerning the English Nation로 1733년에 런던에서 나왔고, 같은 곳에서 프랑스어 판본이 뒤따라 나왔으며, 다음 해에 프랑스에서 『철학 편지』Lettres philosophiques라는 제목으

---

3 저자(크롱크)는 옥스퍼드 대학의 교수이므로, 옥스퍼드가 여행지로서 썩 좋지 않음을 유머를 담아 표현한 것이다.

로 증보판이 출간됐다. 이 책에 실린 짧은 글 약 스무 편은 종교, 정치, 학문, 문학 등의 주제에 따라 묶여 있다. 그것들은 한 덩어리로서 영국 문화의 초상화이자 사실상 계몽사상의 가치들을 담은 선언문이다. 문체는 재치 있고 간결하며, 어조는 친밀하고 종종 반어적이며, 대체로 호의적이지만 가끔 여러 해석이 가능한 방식으로 영국 문화를 독자에게 제시한다.

영국은 정말이지 종파들의 나라다. "하느님 아버지의 집은 여러 동의 대저택으로 이루어졌다." 영국인은 자유를 자연스럽게 여기며, 자기 나름의 방식대로 천국에 갈 수 있다.

하지만 누구나 자기가 적절하다고 생각하는 방식으로 신을 섬기는 것이 허용됨에도, 그들의 진정한 종교는 영국국교회 또는 그 명성으로 인해 그저 "교회"라고 불리는, 성공회교도들의 종파다. 신앙심이 깊은 사람 중 하나가 아니라면, 즉 성공회교도가 아니라면, 잉글랜드나 아일랜드에서는 어떤 일도 할 수가 없다. (수학적 증거를 동반하는) 이 이유가 어찌나 많은 사람들을 개종시켰던지, 국교회 바깥의 온갖 종파들은 그 신도를 다 합해도 인구의 5퍼센트가 채 되지 않는다. 국교회의 사제들은 로마 가톨릭의 의례를 많이 보존했는데, 특히나 세심한 계산과 조심성으로 십일조를 꼭 챙겨 받는다. 게다가 그들은 한술 더 뜨려는 경건한 야심도 갖고 있다.

이것은 분명 어느 차원에서는 종교적 관용을 위한 호소문이다. 프랑스에서는 오직 가톨릭만이 국가의 관용을 얻은 반면, 영국인은 "자기 나름의 방식대로 천국에 갈 수 있다." 그런데 볼테르의 전매특허인 반어법은 논지를 혼란스럽게 만드는 흥미로운 버릇을 갖고 있으며, 이 글은 우리가 영불해협의 어느 편에서 읽고 있다고 상상하는가에 따라 해석이 달라진다. 당시 영국 독자라면 국교회와 그것의 돈과 권력에 대한 집착을 풍자한 것으로 해석하여 즐거워했을 것이고, 영국국교회에 대해 특별한 지식이 없는 프랑스 독자라면 이 문장들을 권력을 탐하는 프랑스 예수회에 대한 은유적 묘사로 해석했을 확률이 높다. 즉 볼테르는 영국에 관해 썼지만 영국에 관해서만 쓴 것은 아니었던 셈이다.

『편지』는 종종 영국만큼이나 프랑스에 관한 책으로도 읽히곤 한다. 영국에 대한 볼테르의 찬미는 해협 건너편을 간접적으로 비판하는 전략으로 이해된다. 물론 이런 독해가 맞는 면이 있지만, 그의 목소리를 액면 그대로 받아들여서는 안 된다. 프랑스 독자라면 물론 영국의 종교적 관용에 대한 찬미를 프랑스의 위그노 탄압에 대한 묵시적 비판으로 받아들일 수 있겠지만, 영국 독자 특히 영국의 가톨릭 신자는 영국에서 만인이 "행복하고 평화롭게" 산다는 말을 읽고 무슨 생각을 했겠는가? 심사법Test Act(1673)과 지방자치단체법Corporation Act(1661)은 가톨릭과 비국교도를 차별했으며, 그들이 세금은 더 많이 내고 민사적 권리는 제한받도록 했다. 가톨릭 신자는 교사가 될 수 없었고 대학에 다닐 수 없었으며, 투표권이 없었고 공직에 취임할 수도 없었으며, 심지어 토지를 소유할 수조차 없었다. 볼테르는 선의의 외국인 논객을 자처하면서 영국의 가톨릭 신자들에 대한 이 같은 차별을 못 본 체하고 영국의 자유에 관한 진부한 관념들을 재활용한다. 영국 독자들은 이렇게 계산된 얼버무림에서 반어법을 포착했을 수도 있다. 즉 볼테르가 영국인들이 자신들의 자유에 대해 자랑스럽게 말하지만, 사실 생각만큼 관용적이지는 않다고 암시하는 것으로 읽을 수 있는 것이다. 프랑스어와 영어로 저술되어 프랑스와 영국에서 출판된 『편지』는 두 나라 모두를 겨냥한 책이었다. 다시 말해 볼테르는 상이한 독자를 염

두에 두고 『편지』를 쓴 것이다. 물론 서로 다른 독자들을 대상으로 의미가 서로 다르게 읽히는 대화를 시도하려는 욕구는 대화가 확실성을 흔들고 관용을 촉진한다고 믿는 계몽의 전형적인 전략이다.

『편지』의 핵심을 차지하는 교훈인 종교적 관용은 유럽 전체를 겨냥한 것이었다. '편지들' 중 하나는 왕립거래소Royal Exchange를 묘사한다. 그것은 도심의 콘힐Cornhill에 있는 웅장한 건축물로서, 대화재 이후 재건되어 세계 방방곡곡에서 온 상인들이 만나 사업을 벌이는 곳이었다(훗날 만들어지는 증권거래소와 혼동하면 안 된다). 이미 애디슨이 『관찰자』의 한 유명한 논설에서 거래소를 문화적 교류의 사례로 들었던 바 있는데, 이 '편지'에서 볼테르는 의식적으로 애디슨에게 응답하면서 새로이 종교적 차원의 분석을 가미한다. 그는 종교적 차이가 사람들을 갈라놓지만 상업이 그들을 다시 묶어 준다고 말한다.

런던의 왕립거래소의 풍경을 보라. 그곳은 여러 재판소보다 더 신성한 곳이다. 모든 국가의 대표들이 와서 인류의 이익을 위해 만나는 곳이다. 그곳에서는 유대인, 마호메트교도, 기독교도가 마치 같은 종교를 믿는다는 듯이 모여 거래하며, 파산한 자에게만 불신자라는 딱지를 붙인다. 그곳에서는 장로교도가 재세례파 교인을 신뢰하고 성공회 신자가 퀘이커교도의 말에 의지한다. 이 평화롭고 자유로운 집회가 끝나면 어떤 이들은 유대회당으로, 또 다른 이들은 술을 한 잔하러 간다. 이 사람은 큰 물통에 들어가 성부, 성자, 성령의 이름으로 세례를 받으러 가고, 저 사람은 (자신도 못 알아듣는) 히브리어의 중얼거림이 들리는 가운데 아들을 포경수술 시킨다. 다른 이들은 교회로 가서 모자를 쓰고 천국에서 영감이 내려오길 기다린다. 모든 사람이 만족한다.

만일 영국에서 단 하나의 종교만 허용됐다면, 정부는 아마 독단적으로 행동했을 가능성이 높다. 만일 종교가 둘만 있었다면, 인민이 갈라져 서로를 살해했을 것이다. 그러나 여러 다양한 종교가 있으므로 그들은 모두 행복하고 평화롭게 산다.

왕립거래소는 런던의 여러 상징적 근대 건축물 중 하나였는데, 볼테르는 이 부분에서 관광객이 쓴 여행기를 연상시키는 표현("풍경을 보라")으로 운을 뗀다. 그러나 거래소는 곧바로 은유로 변환되어 정치적 자유, 종교적 자유, 국제상거래가 상호의존적이고 서로 강화하는 관계를 형성하고 있음을 보여 주는 역할을 하게 된다. 18세기 이전의 정치이론은 상업 문제를 중요하게 다루지 않았다. 지성사가 이슈트반 혼트István Hont가 주장했다시피 국제적인 상업이 국가들의 군사적·정치적 존속에 핵심적인 요소가 된 것은 볼테르의 시대에 들어서였다. 따라서 이런 맥락에 놓고 보면 겉보기에 순수한 이 왕립거래소에 대한 묘사는 담대한 정치적 성명이다. 그리고 그것은 매우 단순하고 재치 있는 목소리로 표현되었기에 더욱 급진적이다.

『편지』에는 과학과 철학에 관한 '편지'라는 이름의 짧은 글들이 실려 있는데, 이 책이 프랑스에서 출판됐을 때 가장 큰 논란을 일으킨 글은 베이컨Francis Bacon, 로크, 뉴턴에 대한 것들이었다. 프랑스에서 뉴턴 물리학은 제대로 이해받진 못했지만 논란을 불러일으켰다. 프랑스에서 뉴턴의 견해는 데카르트의 견해와 비교되면서 평가절하됐다. 무미건조한 소재 같지만, 볼테르는 이런 복잡한 관념들을 대중화시키는 데 달인이었다. 그는 데카르트와 뉴턴의 물리학 간의 차이를 마치 일종의 관광 경험에 불과한 것처럼 소개한다.

런던에 도착한 프랑스인은 다른 모든 것처럼 철학도 이곳에서는 매우 많이 바뀌어 있음을 발견하게 될 것이다. 그는 충만한 공간plenum의 세계를 떠나 텅 빈 공간vacuum의 세계로 왔다. 파리에서는 잠행성 물질subtile matter의 소용돌이가 우주를 구성한다고 보지만, 런던에서는 그런 것이 존재하지 않는다. 프랑스에서는 "조수간만의 원인은 달의 압력"이라고 말하지만 영국에서는 "바다가 달의 인력에 이끌린다"고 말한다.

오늘날 어린 학생에게 뉴턴에 대해 아는 바가 무엇인지 물어보면 그는 뉴턴의 머리에 사과가 떨어진 이야기를 꺼낼 것이다. 이 이야기는 대중적 신화의 한 단편으로 확고하게 자리 잡았다. 그런데 이 일화가 지금까지 전해진 데는 볼테르의 공이 크다. 그는 아마 이 이야기를 뉴턴의 질녀에게서 들은 듯한데, 이야기를 듣자마자 그것이 중력에 대한 뉴턴의 설명이 지닌 명쾌한 단순성을 표현하기에 완벽한 소재라는 점을 깨달았다. 볼테르는 이 이야기를 1727년에 『고찰』에 처음 썼고 『편지』에 다시 삽입했다. 그리고 그 이야기는 절대 잊히지 않을 만큼 뿌리를 내렸다. 그는 영국의 대중문화에 확실한 족적을 남긴 것이다.

　　로크와 뉴턴의 사상을 소개할 때, 볼테르는 경험주의와 실험적 방법의 중요성을 열심히 강조한다. 효과적이고 단순한 이분법적 구도를 만들어 내기 위해, 그는 프랑스에 존재했던 가상디 등의 경험주의 전통을 무시한다. 그는 우리가 물려받은 미신에 의지하지 말고 사실에 의해 설득될 수 있는 열린 자세를 가져야 한다고 주장한다. 볼테르는 영국인들이 예방접종을 받아들이게 된 배경을 설명할 때에도 효과적인 일화를 사용하는 언론인적 감각을 발휘한다.

조지 1세의 치세 초기에 영국의 그 어느 여성보다도 더 섬세한 천재성과 정신의 강인함을 가진 몬터규 부인Lady Wortley Montague은 터키에 대사로 파견된 남편과 함께 콘스탄티노플에 머무르고 있었는데, 그곳에서 그녀는 자기가 낳은 갓난아기에게 거리낌 없이 천연두를 접종했다. 사제가 부인에게 그것이 기독교도답지 않은 행위이므로 불신자들에게만 효과가 있을 것이라고 조언했으나 그녀는 전혀 신경 쓰지 않았다. 사제의 예언과 달리 접종은 부인의 아들에게 매우 잘 들었고, 그녀는 영국으로 돌아오자마자 지금은 영국 왕비가 된 당시 웨일스 공주에게 이 실험을 보고했다. (……)

공주가 접종에 대해 듣자마자 그녀는 사형판결을 받은 수형자들을 상대로 그것을 실험하도록 지시했고, 그들은 그 덕분에 이중으로 삶을 보존했다. 공주는 그들을 교수대로부터 구해줬을 뿐만 아니라 이 인공적인 천연두 접종으로 그들이 결코 자연적인 방법으로 천연두에 걸리지 않도록 막아주기까지 했으니 말이다.

공주는 접종의 장점에 대한 확신이 생기자 그것을 자기 자식들에게 투여했다. 그러자 왕국의 숱한 신민들이 그녀의 모범을 따랐다. 웨일스 공주와 몬터규 부인 덕분에 지금까지 유복한 집안에서 적어도 1만 명의 아이들이 생명을 구했고 같은 수의 여성들이 아름다움을 보존했다.

먼저 이 이야기에서 볼테르가 두 여성에게 부여한 중요성이 눈길을 끈다. 미신적 관행을 거부한 그들의 실용적 태도는 경험주의라는 것이 정말이지 여성적 상식 이상의 더 복잡한 무언가가 아니라는 점을 보여 주는 효과가 있다. 볼테르는 데카르트의 선천적 관념들과 로크의 경험주의적 접근 사이에 지나치게 단순화된 대립관계를 설정한다. 그에 따르면 데카르트의 선천적 관넘들은 종교적 권위주의 그리고 절대주의 체제의 신성한 왕권과 연결되는 반면, 영국 문화의 경험주의는 왕권을 제한하는 휘그적인 정치적 합의 그리고 국교회가 어느 정도의 제한을 두면서도 다른 신앙들에 관용을 베푸는 실용적인 종교적 합의와 연결된다. 즉 과학은 종교적·정치적 이념을 뒷받침한다는 이유에서도 중요한 것이었다.

볼테르: 영국예찬자, 영국인

블룸즈버리 그룹Bloomsbury Group의 작가 스트레이치Giles Lytton Strachey는 다소 과장된 말투로 "볼테르의 영국 방문은 문명사의 전환점"이라고 썼다. 볼테르와 영국 문화의 만남은 볼테르 자신에게나 계몽사상 전반에 대해서나 지대한 영향을 끼쳤음이 사실이다. 남은 일생 동안 그는 영국예찬자Anglophile로, 그리고 유럽 전역에 셰익스피어의 이름을 널리 알린 사람으로 분류됐다. 올리버 골드스미스는 그의 (재미는 있지만 신뢰는 안 가는) 『볼테르씨를 회고하며』*Memoirs of M. de Voltaire*에서 볼테르가 파리의 살롱에서 프랑스인들의 편견에 맞서 영국인들을 옹호하는 장면을 생생하게 그렸다(참고 3).

　『편지』는 여행기의 외관을 갖췄으나 간결하면서도 강력한 정치적 선언이며, 당대 계몽Lumières; Enlightenment의 자기이해에 지대한 영향을 미친 걸작이다. 종교적 교조주의는 인간의 이성에 해롭고 모욕적이며, 심지어 더 나쁜 것은 그것이 사업에 해롭다는 점이었다. 사상의 교환은 물적 재화의 교환과 보조를 맞추는 것이었고, 두 경우 모두에서 교환의 자유는 곧 해방이었다. 볼테르는 경험주의적이고 열린 자세로 문제를 대하는 것이 언제나 교조주의보다

우월해서 더 좋은 정부와 더 행복한 사회로 이어진다는 주장을 입증하기 위한 도구로 로크와 뉴턴을 이용했다. 디드로나 돌바크Paul-Henri Thiry, Baron d'Holbach 등 다른 18세기 사상가들이 무신론적 유물론을 탐색하고 있었던 데 반해 볼테르는 이런 전개를 경계했다. 그는 분명히 기성 종교를 비판하면서도 최소한의 신성 개념을 보존하려고 애썼는데, 이는 형이상학적 이유가 아닌 실용적 이유 때문이었다. 그가 『편지』에서 로크와 뉴턴을 다룬 방식은 이 같은 타협적 이신론 개념을 떠받치기 위한 것이었다. 볼테르는 영어를 배우면서 영국의 실용주의도 배웠다. 그의 개혁적인 영국식 어조는 온건한 급진주의의 어조인 동시에 설득력 있는 서사이자 행동을 요구하는 목소리였다.

볼테르의 영국 방문이 스트레이치가 말한 것만큼 결정적인 사건인가 하는 문제는 논쟁의 여지가 있다. 사실 볼테르는 영국에 가기 전에 어느 정도 그 나라에 대한 지식을 갖고 있었다. 1720년대 초 그는 당시 오를레앙 근처 라 수르스La Source에서 망명생활을 하던 중요한 토리 정치인 볼링브로크Henry St John, 1st Viscount Bolingbroke와 교류가 잦았으며 그 과정에서 영국 작가들에 대한 폭넓은 지식을 얻었다. 셰익스피어를 예로 들 수 있는데, 이 시기 프랑스에서는 이미 그에 대한 논의를 시작하고 있었다. 또한 볼테르의 『편지』의 핵심 주장, 즉 종교적 신앙의 자유와 상업의 자유가 서로 동반 관계에 있다는 주장 역시 그가 영국보다 먼저 방문했던 네덜란드와 관련지어 정식화해 둔 바 있었다. 게다가 볼테르가 영국에 대해 쓴 내용 중 많은 부분은 사실 윌리엄 템플Sir William Temple이 17세기 말에 이미 네덜란드를 두고 이야기했던 것이었다.

그럼에도 『편지』는 볼테르가 작가이자 사상가로 성장하는 과정에서 중요한 전환점이 되었다. 우리는 그의 초기 저작이 에피쿠로스주의의 표식을 지닌다는 점을 앞서 살펴보았다. 그런데 넓게 보아 이신론적인 이 사상(신에 대한 기초적 믿음과 모든 형이상학적 형식에 대한 불신)은 『편지』에서도 작업의 토대를 이룬다. 18세기 영국에서 톨란드John Toland, 콜린스Anthony Collins, 틴달Matthew Tindal, 울

스턴Thomas Woolston 등의 이신론 논쟁이 활발했기 때문에, 그들이 볼테르의 사상에 영향을 줬다는 주장이 학계에서 유행한 적이 있다. 노먼 토리Norman Torrey는 "볼테르 초기의 철학적 이신론은 로크의 이신론적 신봉자들에 의해 강화되고 수정되었다"고 주장하면서 "볼테르 후기의 기독교 비판은 영국의 선배들이 사용한 방법들을 모두 차용했다"고 덧붙였다. 그러나 만일 그렇다면 『편지』에서 이 사상가들이 한 번도 언급되지 않는다는 사실은 어떻게 해석해야 할까? 볼테르는 퀘이커교도를 놀리는 데 더 흥미를 느꼈는데, 세계에서 신이 차지하는 위치에 대한 그들의 근본적 믿음은 그 자신의 믿음과 크게 일치했으나 그들의 옷차림과 관습이 흥미로운 일화의 재료를 넉넉하게 제공했던 것이다.

『편지』에서 새로운 점을 꼽자면, 볼테르가 이제는 에피쿠로스주의에서 영감을 얻은 자신의 세계관을 지지하는 데 사용할 수 있는 근대 사상가들을 발견했다는 점이다. 그전에는 라틴어 저술(호라티우스, 키케로, 루크레티우스)에 의지한 반면, 이제는 근대 영국 철학자들(베이컨, 로크, 뉴턴)에 의지하게 된 것이다. 게다가 이 영국 사상가들의 맥락 안에서 볼테르의 종교적 견해는 이제 진보적이고 계몽적인 사고의 더 폭넓은 정치적·경제적 모형으로 확장되었다.

더 나아가 『편지』는 볼테르의 경력에서 몹시 의미심장한 계기가 되었다. 그가 위대한 산문 작가로 떠오르게 된 것이다. 그전까지 그는 시인으로 인식됐다. 그는 영국에서 애디슨의 『관찰자』 같은 새로운 산문 문체를 접한 뒤에야, 자신의 목소리를 산문으로 내기 시작했다. 그것은 주목을 끌 만하고 즉시 알아차릴 수 있는 간결하고 반어적이며 종종 건방진 목소리였다. 이것은 17세기 말 영어와 프랑스어 저술을 지배했던 거창하고 (오늘날의 독자가 느끼기에) 다소 거들먹거리는 문장에서 멀리 벗어난 것이었다. 『편지』가 어떤 면에서는 눈부신 대중적 글쓰기라고 평하는 것은 결코 비판이 아니다. 개인적이고 재치 있는 문체는 독자를 끌어들이며, 책은 짤막한 꼭지들로 나뉘어 읽기에 편하고, 복잡한 관념들은 뉴턴의 중력 개념을 설명하기 위해 사과를 사용한 사례에서처럼 매력적인 은유로 요약되어 있다. 흔히 애디슨과 그의 친구 스틸Richard Steele은 근대 영어 저술에서 존슨 박사Samuel "Dr" Johnson가 "중도 문체middle style"라고 부른, 명확하고 쉽고 광범위한 독자에게 편안하게 다가가는 산문 형식을 담금질해 냈다는 평가를 받는다. 볼테르도 이와 비슷하게 프랑스어 산문에 혁명을 일으켰다. 그는 전매특허인 신랄한 재치를 사용해 신선한 관념들을 표현하고 전달할 수 있는 새로운 언어를 주조해 낸 것이다.

결국 볼테르의 영국 방문에서 가장 결정적인 면은 영어였다. 볼테르는 영국에 도착한 지 겨우 몇 달 뒤에 이미 친구 티에리오Nicolas-Claude Thieriot에게 보내는 편지에서 그곳이 "생각하는 법을 배울 수 있는" 나라라고 말했고, 1728년 4월에는 프랑스 친구에게 (영어로) "나는 영국인처럼 생각하고 쓴다네"라고 썼다. 볼테르는 영어로 목소리를 찾았고, 그것을 실험해 보는 중이었다. 한동안은 영국에 완전히 정착하거나 명예 영국인이 되는 것을 고려해 본 듯한데, 이는 실현되진 않았다. 그렇지만 영국인 자유사상가로서의 자세는 평생 그의 일부분이 되었다. 그는 프랑스에 돌아온 뒤 친구에게 (프랑스어로) 보낸 편지에서 "자네가 영국에서 나처럼 2년을 지냈더라면 틀림없이 영어의 활력에 깊이 감명 받아 그 언어로 뭔가 썼을 것이네"라고 썼다. 약 40년 뒤 페르네에서 그는 영어로 잔뜩 말해서 영국에서 온 방문객들을 몹시 기쁘게 했다. 제임스 보즈웰James Boswell은 "볼테르가 우리 언어로 말할 때면 그에게 영국인의 영혼이 깃든 것만 같았다"고 말했고, 동시에 볼테르가 영어로 내뱉는 욕지거리에도 깊은 인상을 받아서 "그는 영국에 있을 때 했던 것처럼 걸쭉하게 욕을 했다"고 기록했다. 볼테르는 다음과 같은 인상적인 맹세를 해서 또 다른 영국인 방문객들을 우쭐하게 만들었다. "내가 혹시라도 부활하거나 이 지구에 두 번째로 오게 된다면 꼭 자유의 땅 영국에서 태어나게 해 달라고 신께 기도하리다."

4장 과학자

볼테르가 유명세를 누리게 된 이유 가운데 덜 알려진 것으로서 그가 영국 왕립학회Royal Society의 회원이라는 사실이 있다. 그는 프랑스 한림원Académie française 회원으로 받아들여지기 3년 전인 1743년에 왕립학회 회원으로 선출됐는데, 그에게는 이런 공적 인정이 중요했다. 그는 당시 왕립학회 회장이자 잘 알려진 무신론자인 마틴 포크스Martin Folkes에게 회원 지위를 수락하는 편지를 보내면서 자신이 얼마나 영국을 찬미하는 사람인지를 강조했다.

저의 가장 큰 바람 중 하나가 영국인으로 귀화하는 것이었습니다. 회장님께서 추진해 주신 덕분에 왕립학회는 제게 최고의 귀화 인증서를 얻는 명예를 수여했습니다. 당신의 자유롭고 지성적인 나라에서 제가 찾은 최초의 스승은 셰익스피어, 애디슨, 드라이든John Dryden,

포프였습니다. 저는 철학의 사원에서 뉴턴의 제단을 향해 몇 걸음을 더 내디뎠습니다. 저는 뉴턴의 발견들 중 일부를 프랑스에 용감하게 소개했지만, 그 결과 그의 신봉자이면서 동시에 그의 순교자가 되어야 했습니다.

볼테르가 이 편지를 쓴 것은 그가 영국을 떠난 지 15년 뒤였다. 그러나 이 편지에서 보다시피 그는 영어도 여전히 유창했거니와, 자기를 극화하는 성향도 여전했다.

"순교자"라는 단어는 『편지』의 프랑스 출간본인 『철학 편지』가 불러일으킨 소동에 대한 암시였다. 1734년 5월 봉인장lettre de cachet이 발부되어서 그는 언제든 체포될 수 있는 상황에 처했다. 곧이어 6월 10일에는 파리 고등법원이 그의 저서가 "언어도단이며 종교, 올바른 도덕, 권위에 마땅히 바쳐야 할 존경에 반한다"고 선언하고 『철학 편지』 한 부를 법원 안뜰에서 불태우라고 명령했다. 이 사태로 인해 볼테르는 매우 난처한 입장에 처했다. 한편으로는 자신이 당국을 놀라게 하고 기분 나쁘게 만들었다는 사실이 즐거웠다. 이제 와서 보면 그는 이 시기에 산문작가로서 뚜렷한 목소리를 갖게 되었던 것이다. 그러나 다른 한편 그로서는 이 "추문의 성공"succès de scandale을 어떻게 활용해야 할지 난감했다. 굴욕적인 투옥의 위험이 사라진 뒤에도, 이제 무엇을 할지 결정해야 하는 일이 남아 있었다. 21세기와 마찬가지로 18세기에도 프랑스의 문화생활은 파리나 베르사유에 집중되었다. 따라서 그는 두 겹의 문제를 해결해야 했다. 먼저, 이제부터 무엇에 대해 말할 것인가? 그리고 어떤 발판에서 말할 것인가? 볼테르에 대한 논의에서 이 두 질문은 결코 쉽게 분리할 수 없다.

이 지점에서 라 투르Maurice Quentin de La Tour가 1735년에 그린

그림 3. 1735년에 라 투르가 그린 볼테르 초상화를 본 뜬
푸아이|Nicolas Jean Baptiste Poilly의 판화

초상화는 볼테르의 경력에 대한 흥미로운 통찰을 제공한다. 유화
의 원본은 사라졌지만 베르사유 궁전에 있는 것을 포함해 몇 점의
사본이 남아 있는 이 초상화는 여러 형태로, 그리고 볼테르 선집들
의 앞면에 실림으로써 널리 알려졌다(그림 3). 이 시기는 라 투르가
초상화 전문화가로 막 자리를 잡으려는 때였다(그는 1737년부터 살롱
에서 자신이 그린 초상화를 전시하기 시작했다). 따라서 그는 그림의 모
델인 볼테르보다 덜 유명한 상황이었으므로, 분명 이 초상화가 둘

모두의 경력에 도움이 되었다고 평가할 수 있다. 초상화는 위엄 있는 자세를 취한 모습으로 볼테르의 상반신을 그렸는데, 원본에서는 그가 책을 들고 있다. 이 그림에서는 『철학 편지』와 관계된 극적인 사건들과 위험들이 전혀 드러나지 않으며, 1735년에 볼테르가 그렇게 되기를 열망했던, 입지가 탄탄하며 차분한 권위를 보유한 작가의 모습만이 그려져 있다.

시레 성château de Cirey

이때 볼테르는 탁월한 지성을 갖춘 귀족 혈통의 에밀리 뒤 샤틀레와 만나 사랑에 빠진 지 얼마 되지 않았다. 그녀는 자신의 학문을 계속 추구할 결심이 확고하게 서 있었다. 그러나 볼테르가 『철학 편지』가 일으킨 추문 이후 작가로서 어떤 자세를 취할 것인지 고민하고 있었다면, 샤틀레는 다른 종류의 난관에 봉착해 있었다. 여성이기 때문에 그녀에게는 사실상 작가, 과학자, 지식인으로서 공적인 삶을 상상하는 데에 도움이 될 만한 본보기가 존재하지 않았다. 볼로냐 대학에서 뉴턴 물리학을 가르쳤고 볼테르와 서신을 교환했던 여성과학자 라우라 바시Laura Bassi는 이제 겨우 자신의 평판을 쌓아 가기 시작하는 상태였다.

볼테르와 샤틀레는 열정적으로 사랑했으며, 그들 앞의 세상을 마주하는 데서 두 가지 이점을 갖췄다. 샤틀레가 귀족으로서 보유한 사회적 지위는 그들을 어느 정도 여론으로부터 보호해 주는 가림막 역할을 했다. 그녀의 상당한 재력도 도움이 되었다. 그녀는 부동산을 여럿 보유했는데, 거기에는 프랑스 북동부 샹파뉴 지역의 경계에 있는 시레Cirey의 다 허물어져가는 성이 포함되어 있었다. 두 연인은 샤틀레의 친절한 남편의 동의하에 파리를 떠나 상대적으로 고립된 시레에서 연구와 창작을 이어가기로 결정했다. 이는 유배생활을 학구적인 낙원으로 바꾸는 방법이었으며, 도중에 불가피하게 중단되었다가 재개되기도 했지만 어쨌든 1734년부터 샤틀레가 사망하는 1749년까지 15년 동안 지속됐다. 볼테르와 샤틀레는 각자 호화롭게 치장된 별관을 하나씩 차지했다. 그들의 친구들은 그 호화로움과 그들이 지킨 엄격한 연구·창작 일과표에 모두 감탄했다. 방문객들은 오전 10시 이전에는 방을 떠나지 않도록 요청을 받았는데, 이것은 볼테르와 샤틀레가 방해받지 않고 작업할 수 있도록 하기 위함이었다.

두 연인 모두 시레에 머문 기간 동안 성과를 많이 냈다. 볼테르는 언제나처럼 연극과 시를 썼고, 산문으로는 역사서를 몇 편 쓰면서 단편도 시도해 봤다. 심지어 그는 처마 밑에 (지금도 남아 있는) 아주 작은 극장을 만들어서 방문객들과 함께 서로를 위한 연극을 공연했다. 가장 두드러진 변화는 그가 과학자로 거듭나기 위해 노력했다는 점이다. 그는 영국에서 로크와 뉴턴을 중심으로 하는 경험주의 세계관을 지적 뼈대로 갖춰 돌아왔는데, 그것에 따르면 철학자는 실험을 통해 진리를 발견하는 사람이었다. 이제 볼테르는 경험론적 철학자가 되기 위한, 그리고 과학적 문제를 다루는 작가로서 진지하게 대접받기 위한 작업에 착수했다. 그는 먼저 뉴턴 물리학을 더 깊이 이해하기 위한 공부를 시작했다.

뉴턴 전쟁Newton Wars

18세기 전반, 행성의 움직임에 관한 열띤 이론적 논쟁이 있었다. 퐁트넬이나 도르투 드 메랑Jean-Jacques d'Ortous de Mairan 같은 프랑스 사상가들은 공간이 물질로 채워져 있으며 유체 소용돌이가 행성의 움직임을 결정한다고 주장한 데카르트의 이론을 지지했다. 뉴턴은 영국에서 이와 다른 이론을 주창했다. 그에 따르면 우주 공간은 비어 있으며 천체는 중력의 인력引力에 지배되어 이 공간 속을 움직이고 있다. 데카르트와 뉴턴의 체계를 비교한 최초의 프랑스 과학자는 모페르튀Pierre Louis Moreau de Maupertuis였다. 그는 1732년 『천체의 상이한 형태들에 대한 논고』Discours sur les différentes figures des astres를 출간했다. 이 시기는 때마침 볼테르가 『편지』를 마무리하던 때로, 그는 모페르튀의 저술로부터 영향을 받았다.

그해 가을, 볼테르는 모페르튀와 서신 교환을 시작하면서 그에게 뉴턴 이론의 몇몇 측면을 설명해 달라고 부탁했다. 그는 모페르튀에게 이렇게 말했다. "당신의 첫 번째 편지는 제게 뉴턴교의 세례를 주었습니다. (……) 당신의 두 번째 편지에서 저는 견진성사를 받았습니다. 성찬식을 거행해주셔서 감사합니다." 장기적으로 모페르튀가 더 뛰어난 과학자였겠지만 볼테르는 언제나 더 재밌는 작가였다. 그러고는 1733년 5월 볼테르는 샤틀레를 만났다. 모페르튀는 과거에 그녀의 수학 교사이자 연인이었다(그녀는 훗날 『캉디드』 제1장에 등장해서 자신의 교사와 "자연철학" 수업을 즐기는 퀴네공드 Cunégonde를 예시豫示하는 현실의 인물인 셈이다). 이제 모페르튀 대신에 샤틀레의 연인이 된 볼테르는 그에게서 과학 또한 더 많이 배우기로 결심했다.

1730~40년대에 모페르튀, 볼테르, 샤틀레는 존 베넷 섕크J. B. Shank가 "뉴턴 전쟁"이라 부른 당시의 논쟁에서 데카르트주의자들에 맞서 뉴턴의 견해를 지지했다. 현대적 관점에서 뉴턴주의는 계몽사상의 대두와 밀접하게 연결되어 있지만, 뉴턴의 사상이 데카르트의 사상보다 뛰어났기 때문에 뉴턴이 데카르트를 대체했다는 관념은 지나치게 단순하다. "뉴턴 전쟁"은 크게 보아 제도적인 전

투였다. (친뉴턴적인) '청년 터키당'이 (친데카르트적인) 제도권의 지배층을 공격한 것이다. 볼테르가 일찍부터 모페르튀의 편에 선 것은 뉴턴주의의 우위에 경도되었기 때문일 수도 있지만, 마찬가지로 인습적인 사고방식에 도전하는 지식인으로 보이려는 전략적 욕구 때문일 수도 있다.

샤틀레는 과학을 더 깊이 이해하려는 볼테르의 욕구에 적극 동참했다. 그녀가 볼테르의 천재성에 종속된 시녀에 불과했다는 오래된 관념은 지금에 와서는 완전히 신빙성을 상실했다. 최근에 발견된 그녀의 과학 관련 수고본들은 그녀 자체가 중요한 학자였으며 볼테르보다 훨씬 더 과학적 사고에 뛰어났음을 보여 준다. 1740년 출간된 샤틀레의 『물리학 입문』Institutions de physique은 오랫동안 그저 입문서에 지나지 않는 것으로 평가절하 됐으나, 오늘날 학자들은 그것이 라이프니츠Gottfried Wilhelm Leibniz와 뉴턴의 대립적 견해들을 화해시키려는 진지한 시도였다고 평가한다. 그녀의 업적 중 가장 중요하고 생명력이 긴 것은 뉴턴의 『자연철학의 수학적 원리』Philosophiæ Naturalis Principia Mathematica를 라틴어에서 프랑스어로 번역한 것이었다. 그녀가 죽던 해인 1749년에 완성된 이 번역본은 프랑스에서 여전히 『원리』의 표준 번역본이다.

샤틀레는 볼테르에게 모든 물질적 편리와 뒷받침을 제공했으며, 그가 도서관과 실험실로 쓸 수 있도록 단층 건물을 지어 줬다. 그들은 파리에서 각종 과학적 실험도구를 주문했고, 1737년에는 볼테르가 화학자를 비서로 고용했다. 이제 그는 실험과학자가 되려는 참이었다. 1738년 말에 시레 성을 방문한 작가인 그라피니Françoise de Graffigny는 그들이 저녁식사를 위해 볼테르의 길쭉한 방에 앉았을 때 지구본들과 실험 연구에 사용하는 과학 도구들을 봤다고 회고했다.

볼테르는 분명 샤틀레에게서 가르침을 얻었고, 그녀의 견해와 저작을 홍보하기 위한 글을 두 편 썼다. 그녀는 볼테르의 지적 발달에 중요한, 때로는 경쟁자적인 영향력을 발휘했다. 과학한림원 Académie des sciences이 1738년 현상공모 주제로 '불의 본성'을 발표하자 볼테르는 이에 응모하기로 결심했다. 샤틀레도 볼테르에게 알리지 않고 응모작을 투고했다. 둘 다 수상에 실패한 뒤 볼테르는 수상작들이 출판될 때 자신과 샤틀레의 응모작이 그것들과 한 데 묶여 나란히 출판되도록 배려하여 그녀에 대한 관대함을 보였다. 다른 분야에서, 이를테면 18세기 과학에서 왜 움직이는 신체가 장애물이나 마찰로 인해 멈출 때까지 계속 움직이는지를 설명하기 위해 제시된 '활력'vis viva 개념을 두고 둘은 명백하게 견해가 갈렸다. 볼테르는 이 주제에 대해 『동력의 측정과 그것의 본질에 관한 의혹들』Doutes sur la mesure des forces motrices et sur leur nature이라는 글을 써서 1741년 과학한림원에 제출하고 출간했는데, 여기서 그는 라이프니츠와 볼프Christian Wolff의 철학적 개념들을 비판함으로써 사실상 샤틀레의 견해를 은근히 반박했다.

이 시기에 나온 볼테르의 가장 중요한 과학적 저작은 1738년에 출간된, 뉴턴 물리학에 대한 광범위한 해석인 『뉴턴 철학의 요소들』Éléments de la philosophie de Newton(이하 『요소들』)이다. 이 책은 뉴턴을 "단지" 대중화했을 뿐이라는 오명을 쓰고 있지만, 이는 볼테르의 성취를 대단히 과소평가한 것이다. 그는 이 책에서 뉴턴의 광학과 중력이론을 상세하게 해설했고, 이는 즉각 반응을 불러일으켰다. 그 반응은 소책자들로부터 데카르트주의 물리학자인 장 바니에르Jean Banières의 400쪽짜리 책에 이르기까지 다양했다. 볼테르는 여기에 다시 길게 응답했고, 곧 1739년에 두 물리학자가 여기에 다시 응수하는 글을 발표했다. 그가 논쟁을 유발한 것이다. 그는 『요소들』을 끊임없이 수정했으며 1741년에는 신의 존재 증명에 대한 뉴턴 이론의 함의를 다루는 전반부를 통째로 추가했다. 이것은 이전에 그가 『요소들』에 포함시키기를 망설였던 부분이었고, 그래서 1740년에 『뉴턴의 형이상학』*Métaphysique de Newton*이라는 제목으로 별도로 출판되기도 했다. 『요소들』은 오랫동안 영향력을 발휘했고, 1738년부터 1785년 사이에 적어도 26판이 출간됐다. 그것은 뉴턴에 대한 지식을 유럽에 퍼뜨리는 한편 볼테르의 명성을 재확립·재조정하는 역할을 톡톡히 해냈다. 그가 왕립학회에 선출된 것은 분명 『요소들』 덕택이었다. 훗날 조명을 받게 된 뉴턴의 연금술 및 종교 관련 저술은 볼테르가 그토록 힘들여 빚어내고 있던 계몽의 지평에 전혀 들어맞지 않았을 텐데, 다행히 볼테르는 그 저술들에 대해 전혀 알지 못했다.

회의주의자 볼테르

볼테르는 1760~70년대에 과학적 주제를 다시 다루었다. 특히 그는 생물학과 지질학 분야의 논쟁에 참여해 『자연의 특이성』 *Les Singularités de la nature*(1768)이라는 책을 썼다. 그의 이름은 항상 독자들을 끌어당겼고, 실제로 이 저서에 대한 응답으로 영국에서 『V모 씨의 자연사 분야의 새로운 발견들에 관한 논평』*Remarks on M. de V*******'s New Discoveries in Natural History in a Late Publication*(1770)이 출간되기도 했다. 그러나 생물학과 지질학(당대 용어로 "자연철학")에 관한 이런 논의는 사실 '과학'이라기보다는 '논쟁'에 속했다. 볼테르는 이런 논의가 이신론적 최고존재Être suprême에 관한 논쟁에 미칠 영향에 주의를 집중했는데, 그렇다고 그것이 방법론적으로 탄탄한 토대를 갖고 있다고 믿은 것은 아니었다. 월리

엄 바버William Barber의 말대로,

> 볼테르 생전에 생물의 자연과 역사, 그리고 지구의 역사에 관한 이
> 모든 탐구 영역은 대체로 오늘날의 관점에서는 비과학적으로 보이
> 는 전제들에 기초하여 사변적인 논쟁이 이루어지는 장이었으며, 단
> 단한 토대를 갖춘 지식의 분과들이 아니었다. 그리고 볼테르의 눈에
> 이것들은 뉴턴 물리학의 견고한 성취들과 극명히 대조되었다.

뉴턴 물리학을 설명할 때, 볼테르는 '영혼의 불멸성'처럼 불확
실한 분야를 다루지 않는 뉴턴의 지혜를 거듭 칭찬한다. "그는
똑바로 의심하는 법을 알았다." 아마도 볼테르가 뉴턴에게서 이
끌어낸 거시적 교훈은 회의주의일 것이다. 비록 그가 만년에 실
험과학에 대한 흥미를 잃었다 하더라도, 그는 항상 "인간의 이
해력이 갖는 한계"(1764년 『철학사전』의 항목 중 하나의 제목)를 파악
하는 것이 중요하다고 역설했다. 이를테면 종교 문제에서 볼테
르의 회의주의는 단지 권력 당국과 공생하기 위한 실용적 결론
만은 아니며, 오히려 그의 철학적 세계관의 핵심이다. 그는 몽
테뉴의 격언 "나는 무엇을 아는가?Que sais-je?"를 즐겨 인용했다.
그는 형이상학이 과학적 논의에 개입되면 안 된다고 믿었고, (사
실상 샤틀레의 『물리학 입문』에 대한 응답인) 『뉴턴의 형이상학』에서
뉴턴을 불필요한 형이상학적 사변의 함정에 빠지지 않은 철학
자로서 격찬했다. 이런 관점은 한참 뒤인 1766년에 출간된 『무
지한 철학자Le Philosophe ignorant』에서도 핵심을 차지한다. 파편적
인 "의심들"로 구성된 이 글은 각종 형이상학적 체계들의 부조
리함을 되풀이하여 설명함으로써 종교적 미신의 어리석음을 강
조하고, 종교적 관용과 사회정의를 이루기 위한 첫 걸음으로서

의심이 필요하다고 역설한다.

볼테르와 한림원들

우리는 더 이상 볼테르를 과학자로 보지 않으며 이 분야에서 그가 쓴 글은 대개 잊혔다. 실험과학자가 되려는 볼테르의 시도는 실패담으로 마무리됐다고 말할 수 있다. 그러나 이 실패담은 그가 어떤 사람인지, 그가 자신의 지적 발전과 공인으로서 자신의 모습을 어떻게 모양 지으려 했는지 잘 보여 준다. 경험주의에 대한 그의 신념과 경험주의적 연구자가 되려는 그의 실천적 욕구는 대단히 많은 것을 우리에게 알려 준다. 볼테르는 형이상학보다 물리학을 선호했던 뉴턴의 신봉자였다. 게다가 돌이켜 보면 그는 승자의 편에 선 셈이다. 그가 『요소들』을 출판할 당시에는 여전히 데카르트주의자들이 과학한림원을 지배했지만 18세기 중반이 되면 뉴턴 지지자들의 견해가 부각된다. 『백과전서』의 철학적·방법론적 머리말인 「서론」 *Discours préliminaire*(1751)에서 달랑베르는 로크와 뉴턴을 근대의 진보적·경험론적 사고의 선구자로 초들었는데, 이 견해는 곧 볼테르의 노선이었다. 또한 이는 계몽의 표준 서사가 되었고, 오늘날에도 여전히 하나의 기준으로 남아 있다.

하지만 여전히 볼테르는 논란이 많고 그렇기 때문에 취약한 저술가였으며, 이런 이유로 그는 제도적 승인을 갈구했다. 1743년 도르투 드 메랑이 파리 과학한림원의 종신서기직secrétaire perpét-uel에서 물러나자 볼테르는 자신이 그 후임자로 지명되고 싶다는 뜻을 밝혔다. 퐁트넬도 맡았던 바 있는 이 중요하고 영향력 있는 직위는 볼테르에게 파리에서 높은 지위를 누릴 수 있는 입지를 제공했을 것이다. 1741년 달랑베르가 마침 한림원에 선출된 상태였으므로, 데카르트파는 점차 지배력이 약해지는 것 같았고 볼테르는 그럴듯한 후보로 보였다. 그러나 그의 평판은 너무 위태로웠다. 천문학자 제롬 랄랑드Joseph Jérôme Lefrançois de Lalande의 증언에 따르면 볼테르는 퉁명스러운 말 한 마디 때문에 후보군에서 제외되었다. 언젠가 왜 베르사유에 끌리느냐는 질문을 받자, 볼테르는 "집주인 때문은 아니다"라고 대답한 적이 있었던 것이다.[1] 결국 후임자는 볼테르보다 덜 유명하지만 한없이 더 안전한 천문학자 그랑장 드 푸시Jean-Paul Grandjean de Fouchy로 결정됐다.

이처럼 과학한림원 진입에 실패한 볼테르에게 같은 해 런던의 왕립학회에 선출되었다는 소식은 특별히 더 반갑게 느껴졌을 것이다. 그는 한림원에 연계됨으로써 얻을 수 있는 위신을 소중하게 여겼으며, 볼로냐 한림원에 선출되자 1746년에 뷔퐁Georges-Louis Leclerc, comte de Buffon의 이론을 논박하는 『지구에 일어난 변화에 대한 논고』Saggio intorno ai cambiamenti avvenuti sul globo della terra를 이탈리아어로 냈다. 그는 이 책 덕택에 뒤이어 이탈리아의 다른 몇몇 지역의 한림원에도 받아들여졌다. 또 그는 오랫동안 프랑스 한림원에 눈독을 들였으며 일찍이 1731년에도 후보로 거론된 바 있었다. 그는 1742년과 1743년에도 후보로 거론되었으나 『편지』를 둘러싼 과거 논란 때문에 거부되었다. 볼테르는 궁정 내 반대자들을 달랜 뒤 1746년에야 마침내 아카데미 프랑세즈의 회원으로 선출되었다. 그는 이제 "불멸자"immortels[2] 40명에 속하게 되었으며 앞으로 그의 경력은 프랑스의 수도에서 전개될 전망이었다.

---

1 즉 베르사유를 매력적인 곳으로 만드는 것은 결코 루이 15세가 아니라는 뜻.
2 프랑스 한림원 회원에게 수여되는, 별칭 같지만 실제로 공식적인 명칭이다.

5장 궁정인

볼테르는 현실적인 필요성에 따라 권력과 협의할 줄 아는 날카로운 감각을 가졌다. 그는 평생 구체제의 사회계서제[1] 안에서 저술가로서 탄탄하게 자리를 잡고 지위를 얻으려고 열심히 노력했으며, 성공과 실패를 거듭했지만 결코 포기하지 않았다. 프랑스혁명은 볼테르를 구체제에 용감하게 맞서 싸운 영웅으로 만들었지만, 이것은 결코 사실이 아니다. 그는 군주제를 확고하게 지지했기에 자신이 군주들과 사이가 그다지 좋지 않은 것을 도무지 이해할 수 없었다.

---

1 대혁명 이전 프랑스 사회를 특징짓는, 촘촘하게 규정된 위계질서의 망으로, 이 계서제의 위로부터 아래를 향해 "경멸의 폭포"가 쏟아졌다.

볼테르는 사회적으로 야심찬 사람이었는데, 이것은 단순한 속물근성 때문만은 아니었다. 그는 작가로서의 목소리와 입지를 다지는 데 사회적 지위가 꼭 필요하다는 것을 알았다. 그가 '볼테르'라는 이름을 지은 것은 단지 필명을 만든 것이 아니라 스스로 귀족의 지위를 부여한 것이었다. "드 볼테르 씨"Monsieur de Voltaire는 "아루에 씨"Monsieur Arouet와 비교해 의미심장한 사회적 지위상승을 뜻했다. 그는 베르사유 궁정인이자 회고록 저자인 생시몽 공작Louis de Rouvroy, duc de Saint-Simon이 "볼테르의 부친[변호사]은 내 부친을 위해 일했다"며 그를 신랄하게 깔아뭉갰다는 사실을 몰랐을 수도 있지만, 그런 발언 뒤에 깔린, 귀족이 평민을 깔보는 태도에 대해서는 잘 알았다. 루이 14세가 1715년 사망한 뒤 볼테르는 섭정인 오를레앙 공Philippe II, duc d'Orléans의 마음에 들기 위해 노력했다. 하지만 언제나 권력자에게 인정받고자 하는 욕구와 권력자를 도발하려는 욕구의 충돌을 겪었다. 그는 섭정을 풍자하는 시를 퍼트리려는 마음을 참지 못하고 유통시켰다. 이로 인해 그는 곧 곤란한 입장에 처했다. 볼테르와 권력자들 사이의 관계는 처음부터 순탄하지 않았다.

그는 일평생 귀족들을 친구로 뒀는데, 이렇게 전략적으로 귀족과 친분을 쌓는 일은 자신을 (실제로 존재하거나 그의 상상 속에만 있는 모든) 비판과 공격으로부터 방어하는 데 매우 중요했다. 그는 궁정에서 영향력이 큰 귀족인 리슐리외 공작과 반세기가 넘게 서신을 교환하며 진정한 우정을 쌓았다. 그러나 '우정'이라 해서 로비를 배제한 것은 아니었으며, 오히려 그 반대였다. 그래서 볼테르는 공작의 군사적·성적 기량에 대해 아첨하는 말들 사이사이에,

그를 칭송하는 어조로 프랑스 한림원에 공석이 생기면 자기가 그 자리에 들어가고 싶다는 의사를 드러내기도 했다. 볼테르는 아르장탈 백작Charles-Augustin de Ferriol d'Argental과 백작 부인Jeanne Grâce Bosc du Bouchet, Comtesse d'Argental을 항상 (수호천사들이라는 뜻으로) "나의 소중한 천사들"이라 부르며 그들과 돈독한 관계를 쌓기 위해 긴 세월 동안 그들에게 문학과 특히 연극에 관해 긴 편지들을 보냈다. 『캉디드』의 출판 과정은 볼테르가 귀족과의 연줄을 어떻게 활용했는지 잘 보여 준다. 이 소설은 1759년 초에 정식으로 출판됐는데, 그보다 한 해 전에 볼테르는 그 수고본을 조금씩 나눠서 라 발리에르 공작Louis César de La Baume Le Blanc, duc de La Vallière에게 보냈다. 이 수고본 뭉치는 1950년대에 파리 아스날 도서관에서 다시 발견되었는데, 이는 현재 유일하게 남아 있는 『캉디드』의 수고본이다. 볼테르는 조언을 구하고자 수고본을 보냈다고 말하지만(또한 라 발리에르의 제안 중 일부를 고려했지만), 그럼에도 그 이면에 숨은 이유가 있었다고 생각하지 않을 수가 없다. 즉 『캉디드』가 한바탕 소동을 불러일으킬 것이 충분히 예상되는 상황에서, 볼테르는 베르사유에서 입지가 확고한 어느 공작이 수고본을 한 질 안전하게 보관한다고 해서 해로울 것이 없다고 판단했을 것이다. 그는 자신에 대한 궁정의 평판을 관리하기 위해 오랫동안 이 같은 인간관계를 활용했으나, 그가 진정으로 원한 것은 스스로 궁정에 진입해서 영향력 있는 자리에 오르는 것이었다.

프랑스 궁정의 볼테르(1725년, 1745~46년)

오늘날 남아 있는 볼테르의 첫 번째 주요 초상화는 1724~25년에 궁정화가 라르질리에르Nicolas de Largillière가 그린 것이다. 대체로 작가들이 펜을 쥐거나 책상에 앉은 모습으로 그려진 것과 달리 이 초상화에서 30세의 볼테르는 멋진 궁정복을 입고, 자기 앞의 상대를 자신 있게 마주본다. 1725년 루이 15세가 폴란드의 폐위된 왕 스타니스와프Stanisław I Leszczyński의 딸 마리 레슈친스카Maria Karolina Zofia Felicja Leszczyńska와의 결혼식을 퐁텐블로에서 거행했다. 이것은 국가대사였으며, 볼테르는 이 행사에 참여해 자신의 희곡을 낭독함으로써 새 왕비를 기쁘게 하려고 안간힘을 썼다. 그는 친구 티에리오에게 "나는 이곳에서 왕비의 환대를 받았다네"라고 썼다. "왕비 마마는 『마리안』Marianne에 울고 『덜렁쇠』L'Indiscret에 웃었으며 내게 자주 말을 걸고 나를 '가여운 나의 볼테르'라고 부른다네." 볼테르는 이 시기에 쓴 다른 편지에서 궁정생활이 부과하는 각종 의무에 대해 불평을 늘어놓았다. 왕의 마음에 들려는 이 섣부른 시도는 실패로 돌아갔다. 1726년 그는 추문에 휘말렸고, 곧 영국으로 떠났던 것이다.

1745년 볼테르에게 두 번째 기회가 찾아왔다. 당시 그는 시레에서 유배나 다름없는 생활을 10년 넘게 하던 중이었으며 다시 수도에서 자리를 잡고 싶은 마음이 굴뚝같았다. 왕세자 루이Louis de France[2]가 에스파냐 왕실의 마리아 테레사 라파엘라María Teresa Rafaela와 결혼하게 되었는데, 이는 왕가 간의 동맹을 뜻하는 중대한 국사였으므로 그에 걸맞게 성대한 예식이 계획되었다. 궁정은 볼테르를 초청해서 3막 뮤지컬 『나바르의 공주』La Princesse de Navarre의 리브레토를 쓰고 여기에 라모Jean-Philippe Rameau가 곡을 입히도록 했다. 루이 14세 치세 이후에는 이런 대규모 축하행사가 열린 적이 없었다. 위 작품은 1745년 2월 베르사유에서 초연되었으며, 꽤 큰

---

2 루이 15세의 맏아들이자 루이 16세, 루이 18세, 샤를 10세의 아버지.

성공을 거뒀다. 이 신작에 코메디발레comédie-ballet라는 장르를 입힌 것은 의미가 크다. 연극과 춤을 섞은 이 궁정 장르는 몰리에르Jean-Baptiste Poquelin, dit Molière가 륄리Jean-Baptiste Lully(『서민귀족』*Le Bourgeois gentilhomme*)와, 그리고 나중에는 샤르팡티에Marc-Antoine Charpentier(『상상병 환자』*Le Malade imaginaire*)와 협업하던 1660~70년대에 인기가 많았다. 프랑스에서 가장 위대한 극작가인 몰리에르라는 신발을 신고, 궁정인 볼테르는 루이 14세 통치라는 따뜻한 햇볕을 쬔 것이다.

볼테르는 1745년 4월에 궁정사관Historiographe de France으로 임명되었다. 이 직책은 중세 때부터 그 명맥이 끊겼다 이어져 왔으며, 임무는 느슨하게 규정되었으나 확고한 위신이 동반되었다. 볼테르는 연승 가도를 달리는 중이었다. 5월에는 육군대원수 모리스 드 삭스 백작Maurice, comte de Saxe; Hermann Moritz Graf von Sachsen이 오스트리아 왕위 계승 전쟁의 퐁트누아 전투에서 영국, 네덜란드, 오스트리아로 구성된 국본군에 맞서 주목할 만한(그리고 흔하지 않은) 승리를 거두었다. 왕실의 사관에게는 호시절이었다. 심지어 루이 15세가 직접 전투에 참가했으니 더할 나위 없었다. 볼테르의 유려한 시문은 그에게 큰 쓸모가 있었으니, 왕실은 그가 기록적으로 빨리 완성한 『퐁트누아의 시』*Poème de Fontenoy*를 신속하게 출판했다.

볼테르와 라모는 1745년 11월에 다시 공동으로, 이번에는 국왕을 칭송하는 오페라 『영광의 신전』*Le Temple de la gloire*(이하 『신전』)을 썼다. 그해에 베르사유 궁 대마구간Grande Écurie에 특별히 설치된 극장에서 초연된 이 작품에는 마리 펠Marie Fel과 피에르 젤리오트Pierre Jélyotte 등 당시 최고로 손꼽히는 가수들이 참여했다. 『신전』은 궁정에서 두 번 공연된 뒤 1745년 12월 파리에서 상연되었으며, 이듬해에 마찬가지로 파리에서 수정된 판본으로 재상연되었다. 오페라의 내용은 진정한 왕도王道에 관한 것이었다. 의인화된 '질투'

가 부르는 유명한 독백이 포함된 전주에 이어 두 왕, 즉 폭군 벨루스Bélus와 쾌락만 추구하는 바쿠스Bacchus가 영광의 신전에서 차례대로 쫓겨난다. 결국 '영광'이 월계관을 씌워주는 것은 트라야누스Trajan이다. 그는 저항하는 다른 두 왕에게 승리를 거둔 뒤 숭고한 화해의 절정 장면에서 그들에게 관용을 베풀어 용서해 준다. 자기 이름으로 영광을 받아들이기엔 너무나 겸손했던 나머지, 트라야누스는 최종적으로 신들에게 영광의 신전을 인민을 위한 행복의 신전으로 바꿔 달라고 청한다.

국왕과 궁정의 마음에 들 예찬 오페라를 쓰는 것은 쉬운 일이 아니다. 『신전』에 사용된 볼테르의 리브레토는 대단히 노련하며, 라모로 하여금 영광스러운 선율을 작곡하도록 고무했다. 볼테르는 언제나 자기가 건드리는 것을 모두 완만하게 근대화하는데, 『신전』의 경우에는 전통적으로 오페라를 지배하던 김빠진 사랑 이야기를 좀 더 심각한 도덕적 내용으로 대체하고 레치타티보[3]를 줄이고 무대의 시각적 요소를 더 많이 도입하여 장르를 혁신하려고 시도했다. 작품이 1746년에 재상연됐을 때는 볼테르의 혁신들이 희석되어 연해졌고, 리브레토는 계속 출판물의 형태로 구할 수 있었지만 선율은 소실됐다. 생상스Charles-Camille Saint-Saëns가 1909년에 1746년 판본의 악보를 펴냈으나, 볼테르의 의도에 가장 충실한 1745년 판본의 음악은 아주 최근에야 버클리[캘리포니아대학]의 도서관Hargrove Music Library에서 발견되었다. 이제야 볼테르가 오페라에서 이룬 최대의 성취를 제대로 음미할 수 있게 된 것이다.

1746년 4월 볼테르는 프랑스 한림원에 선출됐다. 어떤 면에서 이것은 진작 주어졌어야 할 명예가 뒤늦게 온 것이었다. 그의

---

3 오페라에서 낭독하듯 노래하는 서술적 부분.

뛰어난 재능과 유명세는 이미 오래전에 확립됐기 때문이다. 그러나 볼테르의 선출은 이제 그가 작가로서 "용인될 만하다"고 인정받았다는 것을 의미하는 공식적인 신호였다. 이것은 그가 긴 세월 갈구했던 인정이었다. 같은 해 12월에 루이 15세는 볼테르가 침전시랑寢殿侍郎; gentilhomme ordinaire de la Chambre du Roi 직을 구입하는 것을 허락했다.[4] 이 직위의 보유자는 약 40명 정도로, 대부분 귀족이었다. 침전시랑들은 왕을 위해 간단한 심부름과 외교적 역할을 수행했으며 국왕의 침실에 출입할 수 있는 자동적 권리를 가졌다. 따라서 궁정에 있는 동안은 베르사유에 공식적인 거소를 부여받는 특권을 누렸다. 이 직위는 보유자에게 대규모의 면세 혜택을 부여했지만, 볼테르 같은 사람에게 정말 중요했던 것은 그 자리를 통해 영향력 있는 인물들과 만날 수 있다는 점이었다.

그러나 이 모든 것은 결국 잘 풀릴 수 없는 일이었다. 볼테르의 기질은 궁정인에 적합하지 않았으며 루이 15세는 이 점을 알았다. 1745~46년의 신혼생활은 눈물로 끝날 수밖에 없었으며, 실제로 왕비의 도박대에서 벌어진 저속한 사건으로 인해 불행하게 종결되었다. 어느 날 에밀리 뒤 샤틀레가 돈을 모조리 잃자 볼테르가 그녀의 상대들이 사기꾼들이라는 의미의 말을 던졌고, 이것이 사람들의 귀에 들린 것이다. 둘은 즉시 베르사유를 떠나야 했다. 모두들 그가 떠나자 안도했음이 틀림없다. 1749년 볼테르가 프리드리히 2세Friedrich der Große의 초청으로 포츠담에 있는 그의 궁정에 가기로 결정했을 때, 그는 궁정사관의 직위를 포기해야만 했다. 또한 그는 침전시랑으로서 받던 소득에 대한 권리를 매각했는데, 왕실의 특별허가 덕분에 그 직위에 따르는 명칭, 명예, 의무는 계속 보유할

---

4 구체제 프랑스는 재정을 확보하기 위해 관직매매제를 시행하고 있었다.

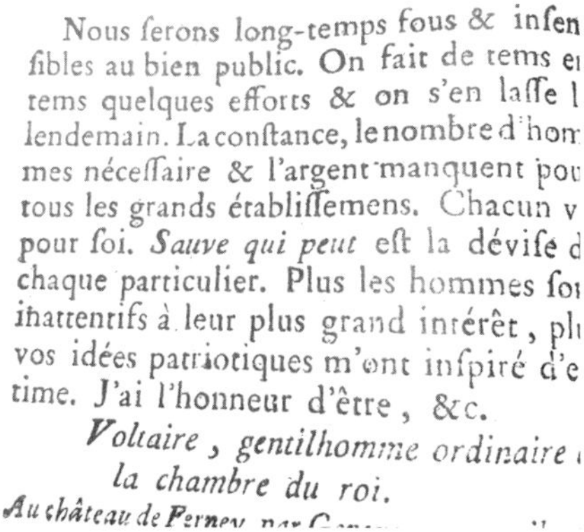

Nous ferons long-temps fous & insen
fibles au bien public. On fait de tems ei
tems quelques efforts & on s'en lasse l
lendemain. La constance, le nombre d'hom
mes nécessaire & l'argent manquent pou
tous les grands établissemens. Chacun v
pour soi. *Sauve qui peut* est la dévise d
chaque particulier. Plus les hommes soi
inattentifs à leur plus grand inrérêt, pl
vos idées patriotiques m'ont inspiré d'e
time. J'ai l'honneur d'être, &c.
*Voltaire, gentilhomme ordinaire i
la chambre du roi.*
Au château de Perney par C

그림 4. 1768년 7월 『프랑스 신보』*Mercure de France*에 실린 편지.
볼테르는 "침전시랑"이라고 서명했다.

수 있게 됐다. 비록 베르사유에서 그가 보낸 궁정인 생활은 짧았
지만, 여생 동안 그는 격식을 갖춘 편지에 "침전시랑"이라고 서명
했다(그림 4).

볼테르, 프리드리히, 예카테리나

1720년대 영국에서 볼테르는 궁정인들과 교류했으며, 훗날 조
지 2세의 왕비 캐롤라인이 되어 『앙리아드』를 헌정받게 될 웨
일스 공주와도 친분을 쌓았다. 1736년 볼테르는 당시 프로이센
의 왕세자였던 프리드리히와 평생 지속될 서신 교환을 시작했
고, 두 사람은 1740년에 처음으로 만났다. 프리드리히는 왕으
로 즉위한 뒤 여러 차례 볼테르를 포츠담으로 초청했는데, 볼테
르는 명백히 이 초청에 이끌렸으나 동거 중인 샤틀레가 그 젊은
프로이센 왕을 좋아하지 않았기 때문에 매번 거절해야만 했다.

1749년 그녀가 죽자 그는 프리드리히의 오랜 초청을 받아들일 수 있게 되었고, 1750년 포츠담의 프로이센 궁정에 도착했다. 그는 런던에서 영국인이 되었던 것처럼 베를린에서 독일인이 되지는 않았다. 그는 대부분의 시간을 프랑스어를 사용하는 프로이센 궁정에 머물렀기 때문에 독일어를 배울 필요가 거의 없었다.

그는 프리드리히의 특별한 조언자, 철학자 왕의 지적 고문이 될 작정이었지만, 그런 꿈은 곧 쓰라리게 사그라들었다. 프리드리히는 사적 견해의 차원에서는 계몽사상에 경도되었으나 국사 문제에 있어서는 냉철한 실용주의자였다. 볼테르는 당시 프로이센 과학한림원의 원장이던 모페르튀와 격한 말싸움을 시작하여 왕을 화나게 만들었고, 그의 지위는 마침내 더 이상 유지될 수 없는 지경에 이르렀다. 그는 1753년에 베를린을 떠났는데, 그가 독일을 벗어나는 과정에서 프랑크푸르트의 군인들에게 사실상 얻어맞게 되자 이 사건은 공개적인 굴욕으로 바뀌었다. 그때 이후로 볼테르는 유럽의 궁정들로부터 거리를 두고 독립적으로 살게 되었다. 그러나 계몽 전제군주와의 관계 구축은 이것으로 끝나지 않았다. 훗날 볼테르는 예카테리나 대제와 널리 알려진 대량의 편지를 주고받았다. 마치 경쟁하듯, 그가 여제를 만나고 싶다며 편지에서 호소한 것만큼이나 그녀 또한 화급히 그를 러시아로 초청했다. 둘은 한 번도 대면하지 않았고, 따라서 한 번도 논쟁하지 않았으나, 서로에게 쓴 편지들은 2인 공저의 걸작이 되었다. 볼테르는 궁정인 경험으로부터 뒤늦게야 군주에게는 글로 아첨하되 궁정으로부터는 거리를 둬야 한다는 교훈을 얻은 것이다.

궁정 역사가 볼테르

볼테르가 쓴 수많은 역사서는 이제 더 이상 널리 읽히지 않지만 그의 생전에는 연극 및 시와 함께 그의 명성을 높이는 주된 요소로 꼽혔다. 그의 역사서 중 최고 걸작은 아마도 1730년대에 시레에서 쓰기 시작해 1751년 베를린에서 마침내 출간한 『루이 14세의 세기』*Le Siècle de Louis XIV*(이하『세기』)일 것이다. 그것은 태양왕과 그의 시대를 그린 초상화인데, 볼테르가 베르사유 궁에서 보낸 시기가 저술에 중요한 역할을 했다. 공식 사관으로서 귀중한 사료를 볼 수 있었고 궁정인으로서 궁정생활의 정치와 음모를 직접 볼 수 있었기 때문이다.

비록 볼테르가『세기』에서 17세기 프랑스 문화를 전체적으로 조망하겠다고 밝혔지만, 그럼에도 그는 군사적 문제와 루이 14세가 여러 전투에서 거둔 성공에 많은 지면을 할애했다. 생각만큼 쉽게 전통적인 군사사로부터 벗어날 수는 없었던 것이다. 그러나 그는 문화의 다른 면면도 다루었는데, 특히 자신이 중요하게 여긴 종교 문제를 두고 긴 분량의 장들을 여럿 썼다. 종교는 그에게 난제였다. 그는『철학 편지』에서 주요 교훈으로 내세웠던 것처럼 종교적 관용이 세련된 상업사회의 전제 조건이라 믿었으나, 그와 반대로 루이 14세는 "하나의 왕, 하나의 법, 하나의 신앙"이라는 공식을 신봉한 것으로 유명했기 때문이다. 볼테르는『세기』에서 루이 14세의 종교 정책에 대한 비판을 다소 자제했는데, 이는 그 비판과 함께 왕이 다른 부문에서 이룬 성취를 높이 평가하는 자신의 관점도 서술함으로써 균형을 맞추기 위해서였다. 이것은 매우 미묘한 작업이었으며, 다른 동료 철학자들이 볼테르를 비판하는 근거가 되기도 했다. 그러나 그가 19세기 들어 프랑스에서 널리 혹평을 받고, 최소한 숱한 가톨릭 신도들에 의해 적그리스도로 비난받게 되었을 때에도 『세기』는 태양왕 치세에 대한 최고의 설명으로 여전히 인정받았다. 장기적 관점에서 그의 실용주의는 성공적이었던 것이다. 물론 이것은 직설적으로 말하지 않으면서도 자기 생각을 넌지시 암시할 줄 아는 완벽한 궁정인의 행동이었다.

『세기』가 보여 준 중요한 혁신적 면모는 바로 그것이 문학에 핵심적 지위를 부여했다는 점이다. 작가들에 대한 언급이 이곳저곳에 흩어져 있으며, 장 하나는 아예 태양왕 치세의 위대한 작가들의 역사를 다룬다. 또한 볼테르는 자신의 서사에서 문학이 차지하는 중요성을 강조하기 위해 2급 작가들을 포함한 긴 작가목록을 덧붙였다. 그가 제시한 기본적인 설명은 바로 루이 14세가 위대한 작가들을 지원했기 때문에 그의 치세가 프랑스 문학의 황금시대가 되었다는 것이다. 이 주장이 과연 옳은가 하는 미심쩍은 문제는 잠시 제쳐 두고, 이것이 매우 강렬한 서사인 동시에 루이 15세로 하여금 볼테르를 좋아하게 만들 만한 서사는 아니었다는 점을 고려하자.

우리는 루이 14세가 1715년 사망할 당시에 몹시 인기 없는 왕이었다는 점을 기억해야 한다. 당시에 가장 사랑받은 왕은 서사시 『앙리아드』의 주인공이 된 앙리 4세였다. 볼테르의 『세기』는 사람들의 태도에 혁명적 변화를 가져왔으며 오늘날까지도 남아 있는 태양왕의 신화를 창조했다. 그는 『세기』에서 루이 14세 치세에는 위대한 역사가가 하나도 없었다고 썼는데, 물론 이렇게 말함으로써 자신의 의도를 털어놓은 셈이다. 즉 볼테르는 스스로 그 시대를 서술한 위대한 역사가가 되었으며, 그의 『세기』는 20세기 초 라비스*Ernest Lavisse*의 역사책들이 출간되기 전까지 태양왕 치세의 표준 역사서로 남았다. 사관이 자신이 섬기는 군주를 칭송할 것이라는 예상이 일반적이었지만, 볼테르는 자신이 루이 15세보다는 14

세의 사관이었더라면 더 좋았을 것이라는 점을 아주 분명하게 표현했던 것이다.

세계사

군주들의 역사를 쓰려는 볼테르의 바람은 궁정인이 되고자 하는 그의 욕구로 설명될 수 있다. 동시에 궁정생활에 대한 의구심과 궁극적인 불만족은 그가 더 일반적인 역사를 쓰는 것으로 선회한 이유를 설명하는 데 도움이 될 수 있다. 『세기』 저술 이후 1740년대 초에 그가 착수하여 긴 시간에 걸쳐 완성한 또 하나의 위대한 역사서는 바로 『민족들의 습속과 정신에 관한 고찰』(이하 『습속론』)이라는 제목의 세계사였다. 그전의 소위 "보편사" 서술은 잘 알려진 기독교 세계에 한정돼 있었다. 볼테르는 공공연하게 비판적인 논조로 이 기독교중심주의적 관점을 상대적인 것으로 격하하는 작업에 착수했다. 보쉬에가 왕세자를 교육하기 위해 저술한 『보편사에 관한 논고』(1681)는 잘 알려진 바와 같이 기독교 세계에 대해서만 서술했으며 샤를마뉴에서 그 이야기를 마쳤다. 따라서 볼테르는 이제 샤를마뉴에서 서술을 시작해서 지구 전역의 인류사를 하나의 포괄적인 서사 아래에 묶으려고 시도했다.[5]

그는 대단히 광범위하게 독서하면서 최선을 다해 가장 믿을 만한 이야기들을 선별하고 종합했으며, 그러는 중에도 흥미로운 사실들을 드러내 보여 주는 온갖 세부사항과 강렬한 효과를 갖는 구

---

5 이 책의 공동 서문에서 말한 것처럼, 보쉬에와 달리 볼테르는 기독교와 유럽의 과거를 넘어 세계 제 민족의 다양한 종교와 풍습을 포괄하는 역사를 쓰고자 했다. 이로써 그는 유럽을 상대화하는 효과를 노렸다.

절들에 관심을 기울였다. 그 결과 계몽시대 역사 서술의 가장 위대한 성과물 중 하나가 탄생했다. 저자가 승인한 첫 판본은 1756년에 출판되어 베스트셀러가 되는 성공을 거두었다. 볼테르는 남은 일생 동안 이 작품의 수정·보완·완성에 힘을 기울였다. 『습속론』의 서사는 17세기에 도달했고, 따라서 1768년 이후에는 『세기』(그리고 그 속편인 『루이 15세의 세기 개요』*Précis du siècle de Louis XV*)가 『습속론』의 뒤에 배치되었다. 이 두 거대한 역사 기획은 이처럼 하나로 매끄럽게 통합되었다. 『습속론』은 곧 영어를 비롯한 다른 언어들로 번역되어 유럽 전역에서 널리 읽혔으며 흄David Hume, 로버트슨William Robertson, 기번 같은 다른 위대한 계몽시대 역사가들에게 큰 영향을 미쳤다.

동시대인들은 볼테르가 『습속론』에서 종교가 인간사에 미치는 악영향을 극단적으로 강조했다고 비판했는데, 이 비판은 오늘날에도 반복되고 있다. 이 같은 비판은 틀린 것이 아니지만 핵심에서 완전히 벗어난 것이다. 논쟁적인 역사를 쓰는 것이야말로 바로 볼테르의 의도였다. 그는 수 세기에 걸쳐 오직 유럽적이고 기독교적인 역사가 지배해 온 서사의 관점을 삐딱하게 비틀었던 것이다(이런 서사적 장치는 역사서에서뿐 아니라 그의 소설에서도 긴요하게 사용된다). 오늘날 그의 세속적이고 상대주의적인 접근법은 너무나 당연한 규범이 되어 버려서 우리는 그가 일으킨 혁신의 크기를 과소평가할 위험이 있다. 단지 군주들과 장군들의 역사가 아닌 전체 문화들의 역사를 쓰겠다는 그의 공개적인 목표 또한 마찬가지로 몹시 혁신적인 것이었다. 이 목표는 오랫동안 그의 관심을 끌어왔으며 『편지』의 근저에 이미 깔려 있었지만, 그것을 인류 문화의 전체 범위에 적용하는 것은 훨씬 더 야심찬 시도였다. 이 같은 문화사를 서술하려는 그의 시도가 오직 부분적인 성공밖에 거두지 못했다

할지라도, 적어도 신의 섭리가 아닌 인간을 중심에 둔 역사 서술 형식을 도입했다는 점은 중요한 성과라고 하겠다.

긴 세월 동안 교육자들은 학생들이 (근대사 아닌) 고대사를 배워야 한다는 입장을 취했다. 고대사야말로 올바른 도덕적 행실의 빛나는 모범들의 보고라는 이유에서였다. 볼테르는 이 관점을 반박하며 근대사를 공부하는 것이야말로 중요하다고 주장했다. 근대인의 관심사에 비춰 볼 때 근대사의 교훈들이 더 적절하고 유효하며, 비교적 근래에 출간된 인쇄물이 많은 만큼 근대사의 사료가 신뢰성이 더 높다는 것이었다. 의미심장하게도, 볼테르가 볼 때 근대사는 르네상스 및 인쇄술의 발명과 함께 시작되었다. 그는 그전의 역사를 그저 구전된 이야기에 토대를 둔 것으로 간주했으며, 원시사회 전반을 광범위하게 규탄하는 그의 관점에서는 호메로스의 세계와 성서의 세계가 똑같이 공상에 불과했다. 볼테르는 고대사의 사료나 신학적인 자료의 가치를 크게 깎아내려 그것들을 "우화"라고 낙인찍었으며, 그런 이유에서 그는 종종 (잘못 쓴) 역사를 풍자적으로 모방한 철학적 단편이나 "우화"를 좋아했다. 역사histoire라는 프랑스어 단어는 "역사"history라는 뜻과 "이야기"story라는 뜻을 모두 갖고 있는데, 볼테르의 소설(즉 이야기)들은 그의 역사 서술과 긴밀하게 연결되어 있다. 그가 쓴 이야기 『자노와 콜랭』Jeannot et Colin의 한 등장인물이 말하듯, "모든 고대사는 진부한 우화로만 가득하다."

영원한 궁정인

궁정인이 되려는 볼테르의 시도들은 한 번도 행복하게 끝난 적이 없었지만, 그 경험은 여러모로, 특히 역사가로서 그가 내놓은 저작들의 서술에 중요한 자양분이 되었다. 볼테르는 자기보다 열여섯 살 어린 루이 15세가 1774년에 먼저 사망할 것이라고는 전혀 기대하지 않았었다. 따라서 그에게 왕의 죽음은 놀라운 소식이었고, 이어서 즉위한 루이 16세의 환심을 사려는 수고로운 일이 다시 처음부터 시작되었다. 그의 시 「세소스트리스」 *Sésostris*는 쾌락 대신 지혜를 선택하는 이집트의 젊은 왕에 관한 이야기다(『영광의 신전』의 줄거리를 고쳐서 재사용한 것으로 보인다). 볼테르는 젊은 신왕이 너무 미묘하고 은유적인 표현은 자칫 포착하지 못할 수도 있다고 생각했기 때문에 꽤 번거롭지만 우화적 비유를 사용했다.

(루이 16세의 동생이자 훗날 루이 18세가 될) 프로방스 백작Louis Stanislas Xavier de France, comte de Provence은 1776년에 어린 왕비 마리-앙투아네트 Marie-Antoinette de Habsbourg-Lorraine를 위해 자신의 브뤼누아 성château de Brunoy에서 축하 공연을 열기로 결정했다. 하지만 지난 세기의 궁정 축제행사에나 어울리는 정식의 운문을 1770년대에도 여전히 만들어낼 수 있는 사람이 누가 있을까? 답은 명백했으며, 82세의 볼테르는 백작의 의뢰를 열정적으로 수락했다. 여기서 상연된 『주인과 여주인』*L'Hôte et l'hôtesse*이 수명이 짧은 작품이라는 점은 매우 명백하지만, 그것은 행사 주인공들의 마음에 들었던 것으로 보이며 애초에 그것이 작품의 목적이었다. 1776년 10월 볼테르는 아르장탈에게 보낸 편지에서 자신의 운문이 "아름답고 눈부신 마리-앙투아네트"에게 좋은 인상을 줘서 행복하며, 비록 자신이 궁정인은 아니지만 그녀의 가문이 고독한 자신을 "검은 법복을 입은 몇몇 현학자들로부터"[6] 보호해 준다면 나쁠 것이 없다고 썼다. 어

6 고등법원의 판사들을 가리킨다.

쩌면 이를 두고 희망이 경험을 이긴 셈이라 하겠으나, 볼테르는 군
주에게 인정받고 싶어 하는 마음을 잠시도 내려놓지 않았다.

6장 제네바인

1750년대 중반은 볼테르에게 새로운 고비였다. 한편으로 그의 명성은 어느 때보다도 드높았다. 1755년에 몽테스키외가 사망하자 그는 모두가 인정하는 '철학자들' 가운데 으뜸 인물이 되었다. 같은 해에 애덤 스미스Adam Smith는 『에든버러 비평』 *Edinburgh Review* 기고문에서 볼테르를 당대 문예계의 지배적인 인물로 꼽았다.

프랑스가 낳은 가장 보편적인 천재가 아닐까 싶은 이 [사람은] 자신이 쓴 거의 모든 종류의 글에서 매번 지난 세기 한 가지 종류의 글쓰기에 일생을 바친 가장 위대한 작가들의 수준에 맞먹는다는 평가를 받는다.

그럼에도 (이 역설은 볼테르에게는 일반적인 것인데) 그는 오히려 더욱 불안했다. 프로이센에서 프리드리히와의 공개적인 승강이 끝에 퍽 무례하게 쫓겨난 뒤, 볼테르는 어쩌면 너무 순진하게도 자신이 프랑스 궁정으로 돌아갈 것이라고 생각했다. 그래서 1754년 1월에 들려온, 베르사유에서 그를 환영하지 않는다는 소식은 그가 편지에 쓴 것처럼 "번개를 맞은 듯한" 충격으로 다가왔다. 포츠담에서 궁정인 역할에 초라하게 실패한 뒤, 그는 새로운 역할(그리고 새로운 거주지)을 찾아야 했다. 그때부터 그는 자신의 질녀이자 삶의 동반자인 마리-루이즈 드니(그들은 1740년대 중반부터 연인이었다)와 함께 살았고, 그녀는 사교활동이 많긴 하지만 수도 파리로부터는 충분히 안전할 만큼의 거리에 있는 리옹에 정착하고 싶어 했다. 그러나 최종적으로 그들은 스위스에 정착했다. 당시 스위스는 대체로 독립을 유지한 소공화국들의 집합체로서 자유국가라는 평판을 받고 있었다. 볼테르와 드니는 로잔에 잠시 머물다가 제네바에 정착했다. 이 두 도시에는 명백하게 그들을 끌어당긴 요소들이 있었다. 프랑스어가 통용되었고, 개신교 목사들이 볼테르만큼이나 가톨릭 사제들을 싫어했고, 특히 볼테르에게 중요했던 요소로서 두 도시 모두 전 유럽에 걸친 유통망을 보유한 출판중심지였다.

제네바의 볼테르

제네바의 인쇄업자 가브리엘 크라메르Gabriel Cramer[1]는 제네바 도시 성문 바로 바깥의 산비탈에 볼테르가 살 집을 구해 줬다. 그

---

1 동생 필리베르Philibert와 함께 볼테르의 책을 다량 출판했다.

그림 5. 제네바의 볼테르 자택 "환희"Les Délices-시니Signy의 그림을
본뜬 케베르도François Marie Isidore Queverdo의 판화

것은 론 강의 아름다운 경관이 내려다보이는, 큰 정원을 가진
안락한 집이었다(그림 5). 역설적이게도 볼테르는 가톨릭으로 간
주됐기 때문에 제네바에 부동산을 소유할 수 없었다. 그래서 그
는 그 집에 세를 들어 살아야 했다. 여태 궁정인으로 살아온 그
는 이제 칼뱅주의 공화국의 주민이 되었다. 그는 1755년 3월
그곳에 입주하자마자 과일나무를 심고 아스파라거스를 주문하
여 마치 (그가 이 집에서 쓰게 될) 『캉디드』 말미에 나오는 것과 비

숫한 방식으로 정원을 가꾸기 시작했다. 그는 그 집을 "환희"Les Délices라 명명했고, 즉시 편지의 머리 부분에 "환희에서"Aux Délices 라고 쓰기 시작했으며 그 명칭의 에피쿠로스적 어감을 즐겼다. 오늘날 제네바의 영역에 속하는 이 집은 볼테르 박물관Musée Voltaire이 되었는데, 비록 한때 작가의 손에 잘 가꿔졌던 정원이 이제 작은 도시공원으로 축소되긴 했지만 충분히 방문해 볼 만한 가치가 있다.

자택 환희에서 볼테르는 먼저 시『1755년 3월에 제네바 호수 옆의 자기 땅에 도착해서 쓰는 저자의 편지』Épitre de l'auteur, en arrivant dans sa terre près du lac de Genève, en mars 1755(이하『저자의 편지』)를 쓰기 시작했다. 이 시는 공공연하게 자신의 자유와 스위스 공화국들의 자유를 선언했는데, 이는 그가 독일에서 공개적 망신을 당해가며 급히 쫓겨나서 구긴 체면을 회복하려는 시도였다. 시에서 그는 군주들 사이에서 완벽한 자유를 찾을 수는 없다고 말했다. 그 직전까지 일어났던 사건들을 고려할 때 이것은 대단히 과감한 선언이었다. 볼테르는 스위스적 자유의 역사와 '환희'에서 찾을 수 있는 에피쿠로스적 즐거움을 함께 칭송했다. 잘 알려진 바와 같이 기번은『회고록』에서 젊은 시절, 즉 1756년 후반 또는 1757년 초반에 자신이 볼테르를 만난 경위, 그리고『저자의 편지』를 읽은 즉시 그것을 암기한 일화를 이야기한다(참고 4).

1756년 크라메르는 제네바에서 열일곱 권짜리 볼테르 전집을 발행했다.『드 볼테르 씨의 작품 전집』Collection complète des œuvres de M. de Voltaire(이하『전집』)은 볼테르의 문학 경력에서 대단히 중요한 이정표였다. 예전에 암스테르담, 드레스덴, 파리 등지에서 그의 선집이 출판된 적이 있었지만, 그때는 그가 선집의 제작 과정을 원거리에서 감독해야만 했으므로 불만스러운 점이 많았다.

이제 그는 처음으로 자신의 전집 편찬 과정을 직접 감독하고 그 것의 모양새를 자신이 독자에게 보여 주고 싶은 방식대로 만들 수 있었다. 1756년 크라메르 판본은 진정으로 볼테르가 그때까지 이룬 성취의 기념비이기도 한데, 그뿐 아니라 그 전집의 구성은 그가 미래를 바라보고 있었음을 알려 준다. 제1권은 이런 작품집이 항상 그랬듯이 서사시 『앙리아드』에 할당됐다. 그런데 그것에 뒤이어 고전주의 비극이 나올 것이라 보통 예상할 만한 상황에서 볼테르는 전통과 결별하고 제2권의 첫 작품으로 스위스의 (그리고 자기 자신의) 자유의 선언문인 『저자의 편지』를 골랐다. 이것은 명백히 스위스인들에 대한 헌정의 몸짓인 동시에 그가 새로운

98

방향으로 나아가려고 했다는 분명한 표식이기도 하다.

크라메르판 『전집』의 가장 흥미로운 혁신들 가운데 하나는 총 열일곱 권 중에 두 권이 짤막한 잡기雜記들로 채워졌다는 점이다. 이 소품 시들 중 일부는 이전에 썼던 게 분명하지만 다른 일부는 기존에 발표되지 않은 것들이었으며, 어쩌면 이 전집을 위해 새로 쓴 것이었을 수도 있다. 그것들은 따로 떼놓으면 아무런 중요성이 없어 보일 수도 있으나 여럿이 모인 덩어리로서는 막강한 소문집 이었다. 그것들은 단순하고 기억하기 쉽게 하나의 관념을 압축한, 간결하지만 함축적인 철학적 수필로서, 그 후 볼테르는 이런 (그의 표현에 따르면) "짧은 장들"을 다작하게 될 것이었다. 볼테르는 문학 적 형식에 대한 고민을 멈추지 않았으며, 항상 그가 직면한 과제는 자신이 하려는 이야기에 가장 적합한 전달 수단을 찾는 것이었다. 처음부터 그의 의제는 자유사상, 회의주의, 종교적 관용 따위의 급진적인 것들이었다. 그러나 미적 측면에서 그는 서사시나 비극 같은 고전적인 문학 장르에 애착을 가졌다. 따라서 그는 경력 전반 부에 이 고전적인 문학 형식들을 자기 목적에 걸맞게 "각색"하는 데 많은 힘을 쏟았다. 그 후로도 내내 이 고전적인 문학 장르들은 그에게 매우 중요했으며, 그의 명성이 그 장르들에서 그가 이룬 성 취에 기인한 만큼 더욱 그러했다. 그러나 이제 60대에 들어선 볼 테르는 문학 형식에서 더 과감한 실험을 벌이기 시작한다.

리스본 대지진

리스본 지진이라는 재앙에 대한 볼테르의 단계적 반응을 보면 문학 장르에 대한 그의 생각이 변화한 과정을 짐작할 수 있다. 1755년 11월 강력한 지진, 해일, 대규모의 화재가 연이어 리스본 시의 대부분을 파괴했으며, 이로 인해 인구 20만 명 중 3~4만 명이 죽었다. 전 시대에 비해 개선된 도로교통과 신문의 존재 덕분에 지진 소식은 전 유럽에 전해졌고, 그것의 은유적 충격파가 너무나 강력한 나머지 제네바에 물러나 있던 볼테르의 평온함까지 깨뜨렸다. 파괴의 규모에 경악한 상태에서, 볼테르는 몇몇 신학자들 때문에 더욱 몸서리를 쳤다. 그들은 지진 발생 즉시 그것이 리스본 사람들의 죄악에 대한 신의 징벌이라고 선언하는 논고들을 쓰기 시작했던 것이다(비슷한 "주장"이 2010년 아이티 지진 이후에도 제기되었다).

볼테르는 오랫동안 변신론辯神論, 즉 만일 신이 존재한다면 왜 그가 세상에 악이 존재하는 것을 허용하는가 하는 문제로 골머리를 앓았다. 1755년 리스본 지진은 악의 문제에 대한 해답을 찾으려는 그의 노력에 다시 불을 지폈다. 그는 지진에 대한 첫 번째 반응으로서 즉시 200행이 넘는 『리스본의 재앙에 관한 시』*Poème sur le désastre de Lisbonne*를 썼다. 지진에 대한 이 감정적인 반응에서 볼테르는 섭리 관념을 옹호하고 자신의 이신론적 믿음을 재확인한다. 그는 라이프니츠에게서 유래한, "모든 것은 최선의 상태에 있다"고 주장하는 낙관주의 사상을 공격하고 의심의 중요성을 강조한다. 시를 수정하면서 그가 결론부를 약간 더 희망적인 어조로 바꾸긴 했지만, 이 시가 흥미로운 이유는 그것이 제시한 철학적 해결책 때문이 아니라 그것이 독자에게 감정적으로 호소하는 문학적 성과를 보여 줬기 때문이다.

이 문학적 성과는 실로 인상적이다. 볼테르는 몇 주 만에 시를 완성했고, 이미 1756년 1월에 수고 사본이 파리에서 유통되었다. 곧 해적 인쇄본이 나왔으며, 그 후에야 볼테르는 크라메르에게 제네바에서 "공식" 판본을 출판하도록 지시했다. 그는 이 판본에서 리

스본 지진 시와 자연종교에 관한 이전의 (더 건조한) 시를 함께 묶었
는데, 그 제목을 『리스본 지진에 관한 시와 자연법에 관한 시 등』

Poèmes sur le désastre de Lisbonne, et sur la Loi naturelle, avec des préfaces, des notes, etc.

이라고 붙였다. 볼테르는 같은 작품을 다양한 판본으로 만들어 내
는 뛰어난 재주를 가졌으며, 이는 결국 홍보 효과를 극대화하는 기
술이었다. 리스본 지진에 관한 시는 그것이 지닌 독창성보다는 주
제의 시의성과 시인의 유명세 덕분에 엄청난 성공을 거뒀다.
1756년에만 약 20개의 판본이 출간됐고, 러시아어와 폴란드어를
포함한 온갖 유럽어로 번역됐다. 볼테르는 리스본 지진에서 유럽
전체의 독자를 상대로 자신의 사상을 개진할 기회를 얻었고 그것
을 양손으로 움켜쥐었다.

볼테르의 소설

리스본 지진에 대한 볼테르의 두 번째 반응은 탄생에 더 긴 시
간이 들었고, 소설의 형태를 취했다. 『캉디드』는 1759년 초 제
네바에서 크라메르에 의해 출판됐다. 오늘날 그것은 볼테르의
작품 중 가장 많이 읽히는데, 볼테르는 물론이고 그의 동시대인
들은 이 사실을 알게 되면 깜짝 놀랄 것이다. 사실 그는 오래전
부터 비록 이야기를 출판하지는 않았지만 그것을 만드는 데에
는 관심이 많았다. 그는 1714~15년에 처음으로 멘 공작부인
Louise Bénédicte de Bourbon, duchesse du Maine을 위해 이야기를 썼고
1730년대 후반에 두 번째로 이야기들을 창작한 시기가 있었다.
하지만 이 이야기들은 어디까지나 사교적 유흥을 위한 것이었
다. 볼테르는 프랑스 궁정에서 환대받은 뒤인 1740년대 후반에
들어서야, 즉 시인, 비극 작가, 역사가로서의 명성이 견고하게

확립된 뒤에야 소설을 출판하기로 결심했다.

볼테르의 동양적 소설 『자디그』*Zadig*는 1747년에 처음 출간됐으며, 1752년까지 5년 동안 소설 네 편이 더 나왔다. 그것은 시레 시절에 그 기원을 둔 작품 두 편(『세상의 모습: 바부크의 이야기』*Le Monde comme il va, ou Vision de Babouc écrite par lui-même*와 "과학적" 이야기인 『미크로메가스』*Micromégas*)과 더 짧은 다른 두 편(『멤농: 인간의 지혜』*Memnon ou la sagesse humaine*와 『터키인의 편지』)이다. 여기에 더해 1751년부터 그는 철학적 대화편을 출간하기 시작했다. 좀 더 흥겨운 이런 작품들의 등장은 그가 작가로서 어떻게 보이고 싶어 했는지를 보여 주는 중요한 발걸음이었다. 작가로서 확고하게 자리 잡고, 한림원에 선출되고, 궁정에 받아들여진 뒤에야 비로소 그는 여유를 갖고 자신의 창조성이 격식을 덜 갖추고 더욱 혁신적 면모를 표출하도록 허락할 수 있게 된 것이다. 여기서 베르사유와 포츠담에서 겪은 궁정 경험이 일정한 역할을 했을 수도 있다. 상대적으로 고립된 시레 생활 이후 궁정에서 볼테르는 재미있고 허물없는 방식으로 생각을 전달하는 경험을 쌓았다. 광범위한 독자층과 소통하는 그의 탁월한 능력은 궁정의 엘리트 사회에서 승승장구할 수 있었던 그의 능력에 뿌리를 두고 있었는지도 모른다.

이 초기 소설들 중 『세상의 모습』 『멤농』 『자디그』는 모두 악의 문제를 다루며, 어리벙벙해진 주인공에게 낙관주의 사상을 개진하는 역할을 맡은, 하늘에서 내려오는 천사라는 허구적 장치를 사용한다. 리스본 지진 이후에 나온 『캉디드』는 악의 문제와 대면하는 볼테르의 네 번째 소설인데, 이 장편에서 그는 낙관론을 옹호하는 역할에 천사라는 장치를 사용하지 않고 어디까지나 사람인 등장인물을 할당했다. "낙관론"이라는 다소 혼란스러운 명칭의 철학적 입장은 독일 철학자 라이프니츠에게서 유래한 것이다. 이 입장에 따르면 인간에게 악으로 보이는 것은 사실 인간의 시야가 좁아서 그렇게 보이는 것일 뿐이며, 신의 관점에서 보면 인간세계는 "가능한 모든 세계들 중 최선의 세계"다. 다시 말해 더 넓은 맥락에서 보면 악은 존재하지 않는다는 것이다. 이 관점은 영국 시인 포프의 『인간론』*Essay on Man*(1734)에서 단순화된 모습으로 유럽 전역에 널리 알려졌다.

그 시기의 수많은 다른 소설들에서처럼, 『캉디드』의 주인공은 진리를 찾아 떠난다. 18세기의 전형적인 주인공은 로크의 아이다. 즉 그는 삶의 여정이 진행되면서 차차 몸소 경험하면서 배움을 얻는다. 이 역할에 걸맞게도 캉디드Candide는 백지 상태로 출발한다 (그의 이름은 라틴어로 "흰색"candidus를 뜻한다). 그는 독일 교수 판글로스Pangloss로부터 의미심장하게도 "가능한 모든 세계들 중 최선의 세계에서 모든 것은 최선의 상태이다"라고 배웠다. 그리고 캉디드는 자신의 여정에서 악과 인간의 잔인무도함을 짧은 기간에 배운다. 그는 비틀거리며 전장과 지진을 경험하고 인간이 저지르는 온갖 형태의 악을 목격하지만, 여전히 이 모든 것이 큰 그림에서는 최선의 상태를 구성한다고 생각한다. 이 초현실적 여정에서 진짜 농담이 존재하는 지점은 바로 캉디드가 실제로는 아무 것도 배우지 못한다는 것이며, 따라서 이 소설은 보통 라이프니츠적 낙관론에 대한 풍자로서 이해된다.

낙관론에 대한 풍자라는 말은 어느 정도까지는 맞지만, 그렇다고 그게 전부인 것은 아니다. 소설 말미에 캉디드가 판글로스에게 이 모든 일을 겪은 뒤에도 여전히 낙관주의의 주문을 믿느냐고 묻는 대목이 나온다.

캉디드는 그에게 말했다. "판글로스 선생님, 선생님께서 교수형에

처해지고, 해부 당하고, 두들겨 맞고, 갤리선의 노예가 되었을 때에
도 계속해서 이 세계의 모든 것은 최선의 상태에 있다고 믿었나요?"
판글로스는 대답했다. "나는 내 최초의 관점을 유지하고 있다네.
어쨌거나 나는 철학자니까. 라이프니츠가 틀린다는 것은 있을 수 없
는 일인 만큼, 내가 변심하는 건 옳지 않네. 게다가 충만한 공간과
잠행성 물질과 마찬가지로 예정조화는 세상에서 가장 아름다운 것
이니까."

비록 캉디드가 경험으로부터 깨달음을 얻지는 못했을지언정 그
는 적어도 설탕대농장에서 일하는 손발 잘린 노예들의 비참한
모습을 보고 눈물을 흘렸다. 반면 판글로스는 완고하게 교리에
충성하며 끝까지 비인간적인 모습을 보인다. 이것을 읽은 독자
는 형이상학적 체계란 전부 터무니없으며, 모든 것을 의심해야
한다는 결론을 내리게 된다. 사실 여기서 조롱은 단지 낙관론뿐
만이 아니라 모든 신념체계를 향한다. 볼테르가 진짜 조롱의 대
상으로 삼은 것은 바로 명백하게 해롭고 합리적으로 반증 가능
한 신념들에 집착함으로써 기본적인 인간성조차 부정하는 사람
들이었다.

　이것은 전혀 새로운 사상이 아니었다. 그러나 그것은 몹시 중
요한 사상이었고, 『캉디드』는 그것을 둘째가라면 서러울 만큼 활
기차고 재치 있게 표현했다. 이 소설의 진정한 혁신은 걷잡을 수
없는 익살에 있다. 권력 당국들은 『캉디드』가 라이프니츠에 관한
추상적 논의를 담고 있기 때문이 아니라 그들과 모든 권위를 웃음
거리로 만들었기 때문에 그것을 비난했다. 소설에서 캉디드는 예
수회 선교사로 오해받아서 야만인들에게 잡아먹힐 위험에 처하는
데, 그때 식인종들이 외치는 "예수회인을 조금 먹어 보자!"Mangeons

du jésuite!라는 구호가 당시 독자들을 너무나 즐겁게 만든 나머지, 그 프랑스어 표현은 즉시 속담 같은 관용어구가 되었다. 이 소설은 온 유럽을 휩쓸었고, 출간 첫 해에만 열일곱 개 판본이 등장했으며 1759년 한 해 동안에만 런던에서 영역본 세 종류가 나왔다. 『캉디드』가 볼테르의 글 중 오늘날 가장 널리 번역된 작품인 이유는 아마도 그것의 달곰쏩쏠한 익살이 지닌 초현실적 면모가 모든 문화와 모든 시대에 호소력을 갖기 때문일 것이다.

같은 이유로 『캉디드』는 유명한 예술가들과 삽화가들을 끌어당겼으며, 그들은 계속해서 그것을 재해석한 작품들을 만든다. 파울 클레Paul Klee, 알프레트 쿠빈Alfred Kubin, 록웰 켄트Rockwell Kent는 저마다 아예 다른 해석을 내놓았으며, 이 전통은 지금도 이어지고 있다. 미국 만화가 크리스 웨어Chris Ware(2005)가 『캉디드』를 그래픽 노블로 재탄생시켰다면, 퀸틴 블레이크Quentin Blake(2011)는 [자신의 삽화를 통해] 원작의 전통적인 해학적 미덕을 강조한다. 18세기부터 이 소설의 속편이 여럿 나왔고, 현대 작가들도 여전히 원작에 매료된다. 조지 버나드 쇼는 『신을 찾는 흑인 소녀의 모험』*The Adventures of the Black Girl in Her Search for God*이라는 제목으로 『캉디드』를 각색했는데, 이 작품에서 쇼 자신은 볼테르 곁에서 정원을 가꾸는 아일랜드인 노동자가 되었다(참고 5). 또한 시칠리아 소설가 레오나르도 시아시아Leonardo Sciascia의 『칸디도』*Candido*(1977)에서, 주인공은 공산주의와 기독교의 이념적 대립으로 갈라진 전후 이탈리아를 여행한다. 코맥 매카시Cormac McCarthy의 『길』*The Road*(2006)이나 살만 루슈디Salman Rushdie의 『2년 8개월 28일 야화』*Two Years Eight Months and Twenty-Eight Nights*(2015)같이 정식 모방작이 아닌 다른 많은 소설들도 『캉디드』에게 손짓을 보낸다. 그러니 2009년 시카고의 두 학생이 트위터에서 일련의 트위트로 그것을 각색해서 이

참고 5. 쇼의 흑인 소녀가 볼테르와 신을 논하다

그녀는 새침하고 작은 집에 도착했는데, 거기에는 아주 서투르게 가꾼 정원이 있었고, 마침 주름이 쪼글쪼글한 어느 노신사가 정원을 돌보고 있었다.

"실례합니다, 나리." 소녀는 말했다. "좀 여쭤 봐도 될까요?"

"원하는 게 뭔가?" 노신사가 대답했다.

"신을 찾는 길을 여쭙고자 합니다." 그녀가 말했다. "당신은 제가 본 것 중에 가장 아는 체하는 표정을 가졌으니 당신께 여쭤야겠다고 생각했죠."

"들어오게나." 그가 말했다. "많은 고민 끝에 나는 신을 찾기에 가장 좋은 장소는 정원이라는 결론에 이르렀다네. 여기서 신을 찾아 땅을 파 보게나."

"그건 제가 생각하기에 전혀 신을 찾을 방법이 아닌 것 같은데요." 실망한 흑인 소녀가 말했다. "전 가 볼게요. 고맙습니다."

"그럼 자네가 말하는 자네 자신의 생각이란 것이 이제까지 자네를 신에게로 이끌어 주던가?"

"아니요." 흑인 소녀가 발걸음을 멈추고 말했다. "그렇다고 할 수는 없지요. 그렇지만 저는 당신의 생각이 마음에 썩 들지 않아요."

"신을 찾은 사람들 중 많은 수는 그를 좋아하지 않았고 평생 그에게서 도망 다녔다네. 어째서 자네는 신을 좋아하게 될 거라고 생각하는가?"

"모르겠어요." 흑인 소녀가 대답했다. "그렇지만 선교사님은 우리가 최고로 지엄한 존재를 보면 그를 반드시 사랑해야 한다는 구절이 있는 시를 갖고 있어요."

"그 시인은 바보야." 노신사가 말했다. "우리는 신을 싫어해. 우리는 그를 십자가에 못 박고, 독미나리를 먹이고, 말뚝에 묶어서 산 채로 불태우지. 나는 평생 내 나름의 작은 방식대로 신의 일을 하고 그의 적들로 하여금 자기 자신들을 비웃도록 만들려고 노력해 왔다네. 그렇지만 만일 자네가 신이 저 길로 오고 있다고 말한다면 나는 제일 가까운 쥐구멍에 기어 들어가서 신이 완전히 지나갈 때까지 숨소리도 안 낼 거야."

– 조지 버나드 쇼, 『신을 찾는 흑인 소녀의 모험』, 1933년

야기했다는 것은 전혀 놀라운 일이 아니다. 조반니 파이시엘로Giovanni Paisiello의 1784년작 오페라 이후에도 『캉디드』는 계속해서 무대에 올려졌는데, 그중에서도 가장 지속적인 성공을 거둔 것은 레너드 번스타인Leonard Bernstein의 1956년작 『오페레타』Operetta[2]다. 이 작품은 원래 1950년대 미국의 매카시 재판Army–McCarthy hearings에 대한 풍자로, 그리고 로버트 카센Robert Carsen이 연출한 2006년 파리 공연에서는 이라크전쟁의 지도자들에 대한 풍자로 해석되었다. 인간의 어리석음이 무한히 지속될 가능성을 갖고 있기에 우리는 지금까지도 『캉디드』를 읽는 것이 아닐까.

제네바를 떠나다

리스본 지진에 대한 볼테르의 문학적 반응은 두 개의 매우 다른 형태를 띠었다. 두 형태 모두 유럽 전역의 독자들에게 사랑받았으며, 여기서 우리는 자신의 독자 대중을 완전히 장악한 한 작가를 목격한다. 그런데 이 두 형태의 창작을 비교하는 것은 흥미롭다. 볼테르의 즉각적 반응은 철학적 시라는 전통적인 형식으로 빚어졌으며, 그것의 명백한 성공에도 불구하고 그는 그 후로 철학적 운문의 형식으로는 주요 작품을 쓰지 않았다. 그의 두 번째 반응은 그의 마음속에서 더 천천히 자라나, 허구 산문의 형식으로서 극히 비상한 독창성을 갖춘 풍자소설이 되었다. 적어도 지금 돌이켜 보면 『리스본의 재앙에 관한 시』는 막다른 골목 같아 보이는 반면, 『캉디드』는 그의 노년에 거듭될 문학적 실험들의 지평을 암시하는 것이었다.

---

2 대사와 춤, 오케스트라가 있는 오페라.

이 장 서두에 인용한 스미스의 비평은 우리에게 많은 것을 알려 준다. 볼테르가 "자신이 쓴 거의 모든 종류의 글에서 가장 위대한 작가들의 수준에 맞먹는다는 평가를 받는다"고 말하는 것은 어렴풋한 칭찬을 보태서 실질적으로는 혹평을 내린 것이나 마찬가지이기 때문이다. 이렇게 보면 볼테르는 확립된 여러 문학 장르에 통달했음에도 그중 어느 것도 완전히 지배하지는 못하며 오롯이 자신만의 독특한 문학적 표현방식을 개발하지 못한 것이다. 어쩌면 1755년에는 이것이 정당한 비판이었을 수도 있다. 그러나 바로 이어 『캉디드』의 완성을 비롯해 볼테르의 창조성이 치열하게 발휘된 5년 뒤에도 스미스가 같은 단어들로 비평을 썼으리라고는 생각하기 어렵다.

그러나 『저자의 편지』에서 자신만만하게 표현되었던 스위스의 목가에는 곧 짙은 먹구름이 꼈다. 볼테르의 극장 공연들은 일반적으로 연극을 좋지 않게 보던 제네바 당국과 그의 관계에 긴장을 낳았고, 개신교 목사들은 대체로 가톨릭 사제들만큼이나 광신적인 것으로 드러났다. 어차피 군주주의자 볼테르가 장기적으로 신정 공화국에서 결코 오래 살 수는 없었다. 1758년 그는 제네바에서 매우 가깝지만 국경 바로 건너편 프랑스 땅에 있는 페르네에 큰 영지를 구입했다. 드디어 자기 집을 갖게 된 것이다. 이제 아무도 그를 망명객이라 부를 수 없었다.

1759년 12월 '철학자' 그림Friedrich Melchior, Baron von Grimm은 볼
테르가 "유럽의 일인자"라고 썼고, 이듬해에 같은 맥락에서 골
드스미스는 볼테르를 "유럽의 시인이자 철학자"라고 불렀다. 작
가로서 그의 명성은 더 이상 높아질 수 없을 것만 같았다. 루소
가 『고백록』*Les Confessions*에서 쩨쩨하게 말했듯이, 볼테르는 "명
성과 부에 짓눌려 있었다." 이때 볼테르는 이미 18세기 남성 평
균수명보다 오래 산 상태였다. 만일 그가 1760년에 죽었더라면
우리는 그를 역사가, 극작가, 그리고 『캉디드』의 저자로서, 18
세기 프랑스의 가장 위대한 작가들의 반열에 놓고 기억했을 것
이다. 그랬더라면 아무도 1760년대를 지나며 볼테르의 작가적
지위가 근본적으로 바뀔 것이라고, 그가 자신을 완전히 새로운
유형의 정치적 활동가이자 인기인으로 재창조해 낼 것이라고

예측하지 못했을 것이다.

1760년 이후 볼테르는 드디어 의기양양하게 공적 지식인으로서의 목소리를 발견해서 볼테르주의자가 되었고, 그때부터 그 목소리는 그를 규정하는 것이 되었다. 개신교가 지배하는 제네바에서 그는 부동산을 소유할 수 없는 거주민일 뿐이었지만, 이제 그는 제네바 국경 바로 옆 프랑스 땅의 페르네에 있는 멋진 성의 주인이 되었다(지금은 이 작은 마을의 명칭이 "페르네-볼테르"로 바뀌었다). 볼테르는 자기 집을 소유하고 지역 공동체에 대해 봉건적 권리들을 향유하는 장원의 영주가 되어, 드디어 파리에서 멀리 떨어져 있으면서 제네바의 인쇄소들로부터 편리하게 가까운 거리에 있는 프랑스 땅에서 자기 뜻대로 살게 된 것이다. 그는 (투자와 대출로) 큰 부자가 되었으며, 부는 그에게 단지 호화로운 삶을 가능하게 해준 것만이 아니라, 더 중요하게도 독립성을 보장해 주었다. 훗날 그는 "나는 자기 집에 있는 왕처럼 살았다"고 말했다. 볼테르는 이제 어디서나 페르네의 군주로 여겨졌다.

말라그리다: 공적 희생양

1761년 10월 볼테르는 『프랑스 소식』*Gazette de France*을 읽다가 그 전달에 리스본 종교재판소가 나이 많은 예수회 신부 말라그리다*Gabriel Malagrida*를 포함해 약 40명을 화형에 처했다는 소식을 접하게 된다. 볼테르가 예수회 신부를, 그것도 1755년 리스본 대지진이 신의 심판이라고 주장해서 유명해진 사람을 옹호할 이유는 전혀 없었다. 그러나 자기 식구를 화형에 처하는 종교재판의 광경은 볼테르에게 충만한 역설의 감각을 자극했다. 그는 사건의 세부사항을 더 알아내려고 노력했는데, 그것은 매우 복잡한 사건이었다. 말라그리다가 국왕을 시해하려 했다는 증거를 찾을 수 없자, 법정은 허술하고 터무니없는 증거를 기초로 그에게 '이단'이라는 죄목의 유죄판결을 내렸다. 볼테르가 완전히 알 수는 없었으나 의심은 했던, 복잡한 정치적 조작이 존재했다. 사실 말라그리다는 당시 포르투갈 왕국의 수상이자 훗날 폼발 후작Sebastião José de Carvalho e Melo, Marquês de Pombal이 될 최고권력자와 대립했기 때문에 죽임을 당한 것이었다. 폼발은 예수회가 주제 1세José I의 궁정에서 영향력을 키워가는 것을 불안하게 여기던 차였다. 구체적인 사실관계가 어떻든, 말라그리다의 화형은 명백히 과도한 형벌이었고 그것을 정당화하기 위해 법원이 내세운 논변은 엉터리였다. 이 부조리는 마치 『캉디드』에 등장하는 종교재판 화형의 불편한 메아리처럼 느껴진다. 볼테르는 파리에 있던 아르장탈 백작 부부에게 보낸 편지에 이렇게 썼다. "나는 그들이 말라그리다를 불태운 것에는 그다지 신경을 쓰지 않지만, 불에 굽힌 대여섯 명의 유대인에 대해서는 안타까운 마음을 느낍니다. 우리 시대에 화형식이라니! 캉디드가 뭐라고 하겠습니까?" 현실이 소설을 베낀 것이다.

1761년 말, 볼테르는 『랍비 아키브의 설교』Sermon du rabbin Akib (이하 『설교』)라는 제목으로 말라그리다 사건에 관한 짧은 풍자를 출판했다. 이 글에서 그는 유대인의 목소리와 설교라는 형식을 빌려 가톨릭 사제들이 다른 가톨릭 사제들에게 보여 준 잔인함을 통탄했다. 볼테르의 "유대인" 화자는 불관용이 기독교의 발명품인 것으로 보인다고 주장한다. 장엄하게 풍자적인 이 작품은 나오자마자 날개 돋친 듯 팔렸다. 그것은 얇은 소책자라서 재판을 찍거나 번역해서 내기에 부담이 없었고, 분량이 짧아서 신문 지면에도 실을 수 있었다. 18세기 유럽의 출판업은 규모가 컸기 때문에 이런 저작은 순식간에 자체적인 생명을 획득했고, 『설교』는 프랑스뿐만 아니라 영국에서도 지방 신문들에 실리는 등 널리 유통되었다. 폼발은 여론에 신경을 썼고 "계몽된" 포르투갈이라는 이미지를 해외에 보여 주고 싶었기에 말라그리다 사건의 판결문과 그것의 정당화 논변을 모두 프랑스어로 번역해서 출판했다. 그러나 때는 이미 늦었다. 볼테르의 풍자 덕에 말라그리다는 이미 전 유럽에서 종교재판소의 희생양으로 유명해진 뒤였다. 이것은 볼테르의 승리였고, 폼발의 입장에서 여론전은 시작도 하기 전에 패배로 끝났다.

돌이켜보면, 말라그리다 사건은 중요한 전환점이었다. 구석진 리스본에서 일어난 한 사건이 페르네에 있던 볼테르에게 알려지고, 효과적인 18세기 언론의 활동과 증대하는 독자층의 입맛 덕분에 "뉴스거리"가 된 것이다. 볼테르는 한 가톨릭 집단이 자신의 정치적 이익을 위해 날조한 죄목과 엉성한 법정 절차를 동원해 다른 동료 가톨릭 집단을 처형한 이 이야기의 논쟁적인 (그리고 음울하게 웃긴 블랙코미디로서의) 잠재력을 재빨리 알아차렸다. 이 사건은 단지 종교적 신앙뿐만 아니라 법체계와 시민사회의 법률적 절차의 문제도 드러냈다. 법은 사람을, 심지어 예수회 신부라 하더라도, 불의로부터 보호해야 했으며, 악랄하게 편협한 자들의 불관용을 지원하고 방조해서는 안 되는 것이었다. 이 과정에서 볼테르는 여론을 움직일 수 있는 언론의 힘에 관해 중요한 교훈을 또한 얻었다.

칼라스 사건

말라그리다 사건은 유럽 신문들의 1면을 장식하게 될 칼라스 사건의 전주곡이었다. 말라그리다의 잔인한 처형은 외국에서 일어난 일이었던 데다가, 적어도 볼테르의 묘사에서는 음침한 희극의 속성을 지녔던 반면, 칼라스 사건은 프랑스에서 일어난 일이었고 희극적인 면이 전혀 없었다. 장 칼라스Jean Calas는 툴루즈Toulouse에서 가족과 함께 살던 60대 초의 개신교 신자였다. 그의 장남이 1761년 10월 집에서 죽은 채로 발견됐는데, 누가 봐도 이것은 자살이었으며, 이것이 가문의 수치가 될까 걱정한 가족들은 이 사건을 유야무야 덮으려고 했다. 수사당국은 소문에 근거해서 그 젊은이가 가톨릭으로 개종하려 했기 때문에 아버지에게 살해당했다는 결론을 내렸다. 툴루즈 고등법원은 8대 5로 고문과 사형을 판결했고, 1762년 3월 장 칼라스는 마지막 순간까지 자신의 무죄를 주장하며 처형당했다. 소름끼치는 처형식이 거행되었는데, 칼라스는 사지가 찢어질 만큼 당겨진 뒤 많은 양의 물을 강제로 마셨는데도 "범죄가 없으므로 공범도 없다"고 말하며 공범 지목을 완강하게 거부했다. 그러자 집행인이 그의 팔다리를 하나씩 부쉈고, 윈치를 동원해 목 부분의 척추뼈를 탈구시켰다. 몸이 말 그대로 완전히 파괴되고 나서야 칼라스는 커다란 바퀴에 묶여 계도 효과를 위해 툴루즈의 생조르주 광장의 기둥 위에 놓였다. 비밀리에 발부된 특별허가에 따라 칼라스에게는 딱 2시간 동안의 고문과 그 이후의 교수형이 허락된 터였다.

볼테르는 3월 말에 이 사건에 관한 소식을 처음 들었다. 그는 더 상세한 내용을 알기 위해 칼라스의 두 자녀에게 문의했다. 판결이 재산의 상속을 모두 막아 버렸기 때문에, 칼라스 가족은 극심한 어려움에 처해 있었다. 절차법이 제대로 지켜지지 않았고 가톨릭 신자인 판사들의 판결이 종교적 편견에 의해 추동되었다는 점이 점차 명백해지면서 볼테르는 더욱 분노했다. 그는 주로 편지의 형태로 장 칼라스의 무죄를 입증하기 위한 일련의 문서들을 준비했고, 이것은 『원본 문서들』*Pieces originales concernant la mort des Srs. Calas, et le jugement rendu a Toulouse*이라는 제목으로 7월 초에 출간됐다. 볼테르는 그 기세를 몰아 파리의 영향력 있는 사람들에게 줄기차게 편지를 썼고, 이에 따라 1763년 3월 거대한 전환점이 만들어졌다. 베르사유의 추밀원이 툴루즈 고등법원의 판결에 대한 항소를 허용한 것이다.

그동안 볼테르는 1763년에 『관용론』으로 출간될, 더 두껍고 야심찬 저술에도 힘을 쏟고 있었다. 그는 이 책의 첫 장에서 칼라스 판결의 전후사정을 설명하면서 툴루즈라는 지방도시의 독실한 가톨릭 신자들의 "광신"을 강조하고, 스물다섯 개가 넘는 후속 장들에서 종교적 관용을 옹호하는 더 넓은 의미의 선언문을 제시한다. 볼테르는 이 주장을 뒷받침하기 위해 고대 그리스 및 로마 그리고 중국의 역사에서 많은 사례를 인용하고, 예수의 가르침뿐만 아니라 유대교의 전통 속에도 관용을 놓고 이야기한다. 그가 내리는 결론은 관용이 보편적 원칙이라는 것이다. 몇몇 경우에 그는 "인권"le droit humain이라는 개념을 사용하는데(그의 저작에서 이 단어는 이 순간 처음 등장했다), 이는 수십 년 뒤 프랑스혁명에서 사용될 "인간의 권리"와 똑같은 것은 아니었으나 분명히 같은 방향을 가리키는 것이었다. 볼테르는 자연이 우리에게 역지사지의 마음으로 타인을 대하라고 가르친다고 주장한다.[1] 이 "보편적 원칙"에 따르면 불관용은 "인권"의 일부가 될 수 없었다. 다음 대목에서 볼테르는 종교재판소와 포르투갈의 사례를 넌지시 논하는데, 이는 『캉디드』에서 리스본 종교재판소를 혹독하게 풍자했던 것은 물론이고 말라그리다 또한 그의 생각 속에 계속 머물러 있었음을 보여 준다.

---

1 이것은 오래된 자연법학 전통에서 항상 제1원칙으로 내세우는 것이었다.

따라서 이 원칙을 따르면서도 한 인간이 다른 인간에게 "나는 믿지만 너는 믿지 않는 그것을 믿어라, 그렇지 않으면 너는 죽을 것이다"라고 말할 수 있다는 것을 이해하기란 어려운 일이다. 그런데 포르투갈, 에스파냐, 고아Goa에서 사람들이 바로 이렇게 말한다.

볼테르는 관용을 최초로 옹호한 사람이 아니다. 또한 그는 존 로크의 『관용에 관한 편지』*A Letter Concerning Toleration*(1689)를 알고 있었음이 틀림없다. 그러나 로크가 철학자이자 정치이론가의 관점에서 글을 쓴 반면, 볼테르는 당대의 구체적인 사건들로 논의를 시작하고 역사적 사례들로 뒷받침된 상식적인 결론을 이끌어 내는, 언론인으로서의 자세를 취했다. 『관용론』은 굉장한 즉각적 호소력을 가졌고, 출판되자마자 열광적인 반응을 불러일으켰다. 볼테르는 그 책을 최대한 오랫동안 숨겨 두고 아주 친한 벗들에게만 보내 줬다. 1763년 12월에는 그의 친한 동맹군이라 할 수 있는 달랑베르조차 『관용론』을 구할 수 없다고 불평했다. 그러나 이 같은 극도의 신중함은 예상대로 그 책에 대한 수요를 더욱 부채질했다. 1764년 3월, 당시 파리에 있던 흄은 그 책을 실제로 보기가 매우 어렵다고 기록했는데, 그 또한 그 책을 매우 읽고 싶어 했음이 분명하다. 곧 프랑스의 다른 도시들에서 해적판을 찍어 내기 시작했으며, 『관용론』은 거의 멈출 수 없는 기세로 유통되었다. 게다가 볼테르의 적극적 실천주의가 정치적 사건의 전개 양상에 직접적인 영향을 미칠 만큼 그 책은 성공적이었다. 1764년 6월 추밀원은 툴루즈 법원의 판결을 완전히 뒤엎었고, 칼라스가 처형된 지 3년이 지난 1765년에 그의 유족은 드디어 공식적으로 모든 혐의를 벗었다.

이것은 '철학자' 세력의 거대한 승리였고, 반계몽주의 세력에 맞서 '이성'이 거둔 승리였다. 볼테르는 펜의 힘으로 칼라스 가족을 "구한" 사람으로 칭송받게 되었다. 종교적 관용을 추구하는 그의 십자군은, 그가 단 하나의 적과 단 하나의 목표를 정해 놓고 진군했기 때문에 더욱 큰 효과를 거둘 수 있었다. 그의 적은 "파렴치"l'Infâme였는데, 이것은 그가 프리드리히 2세에게 보낸 서신에서 자신이 용납할 수 없는 종교적 징후들(미신, 교조주의, 광신)을 묘사하기 위해 만들어 낸 단어였다. 그의 목표는 기회가 있을 때마다 쉴 새 없이 파렴치를 공격하는 것, 오직 그것이었다. 그리고 모든 훌륭한 운동이 그러하듯, 볼테르는 구호를 만들어 냈다. "파렴치를 박살내라!"Écrasez l'Infâme! 볼테르가 이 격문을 만든 것은 칼라스 사건 때였는데, 그는 그것을 가까운 친구들에게 보내는 편지에 반복해서 사용했으며 문자 그대로 수백 장의 편지를 이 격문으로 서명해서 보냈다. 그는 서명을 위해 "파렴박"Ecrlinf이라는 약어 표기까지 만들어 냈는데, 제네바와 파리를 오가는 편지들을 분주하게 읽던 검열관들은 이 서명 때문에 혼란에 빠져서, 상관에게 "파렴박"이라는 이름을 가진 수상한 인물이 스위스에 살고 있다는 보고를 올리기도 했다고 전해진다. 권력과의 드잡이에서 종종 그러했듯이, 마지막에 웃은 것은 볼테르였다.

『휴대용 철학사전』

불관용의 역사를 상세하게 서술한 『관용론』의 후속작으로 볼테르는 파렴치를 향한 공격을, 더 야심찬 저술인 『휴대용 철학사전』Dictionnaire philosophique portatif(이하 『철학사전』)을 통해 이어 나갔다. 73개 항목으로 이루어진 초판은 1764년에 출간되자마자 커다란 풍파를 불러일으켰다. 곧이어 볼테르는 이 신간에 대해 아는 바가 전혀 없다고 당당하게 선언하는 편지를 숱하게 썼다. 『철학사전』을 지배하는 목소리는 성경에 대한 회의주의적 비판이며, 이 점에서 볼테르는 1697년에 처음 출판돼 계몽사상 시대에 널리 읽힌 위그노 철학자 피에르 벨Pierre Bayle의 『역사적이고 비판적인 사전』Dictionnaire historique et critique에서 깊은 영향을 받았음을 알 수 있다.

첫 항목인 「아브라함」에서 페르네의 군주는 이스라엘의 첫 군주인 아브라함과 정면으로 대결하고, 의도했던 대로 성서의 전통 일체에 대한 전격전을 개시한다. 코란에서 이슬람을 "아브라함의 종교"라 규정했음을 고려할 때, 하나가 아닌 두 개의 종교에서 창시자로 대접받는 인물을 첫 과녁으로 삼은 것은 대담한 선전포고라 할 수 있다. 동시에 이로써 볼테르는 스스로 유일무이한 종교라 주장하는 기독교의 입장을 상대적인 것으로 강등시킨다. 볼테르는 특히 구약성서에 초점을 맞추고 그것이 대표하는 세계관은 신으로부터 온 것이 아니라 고래의 이교 신화들로부터 구조적으로 차용된 것임을 보여 준다. 구약성서는 신을 부조리하고 잔인한 존재로 그리며 혐오스럽고 심지어 부도덕한 견해들을 제시한다는 것이다. 볼테르는 구약의 이 같은 세계관이 근대 과학의 발견들과 양립할 수 없고, 앞뒤가 맞지 않으며 모순되는 허구라고 말한다. 다른 '철학자들'도 유대-기독교 전통에 대한 이런 비판에 동의했지만 그들 중 아무도 성서에 대한 지식의 양에서 볼테르와 겨룰 수 없었다. 성서에 관한 그의 박학다식함은 시레 시절 샤틀레와 나눈 대화에서 길러진 것이다. 그는 어느 누구보다도 자신의 적을 잘 알며, 독자에게 깊은 인상을 주고 심지어 때로는 압도할 만한 수준의 역사적 지식을 (설사 과격한 방식으로라 할지라도) 활용한다.

볼테르는 신약성서에 대해서는 다소 온건한 태도를 보인다.

그는 신약의 형이상학적 토대를 믿지 않을지언정 그것의 윤리적 원칙들에 대해서는 넓은 의미에서 공감한다. 그는 글 전반에 걸쳐 종교적 신앙이 인류에게 어떤 도움이 되는지를 묻는 실용적 시험을 부과함으로써 그것을 "탈신성화"한다. 따라서 그는 「세례」 항목에서 성사聖事를 하나의 이미지로 간주한다. "어떤 기호도 그 자체로는 중요하지 않다. 신은 자신의 은총을 자신이 마음대로 선택한 기호에 부여한다." 다시 말해 초월성 주장은 순환론이며 무의미하다. 중요한 것은 실질적이고 윤리적인 행동이다. 볼테르는 "철학"을 논리 정연한 성찰이라는 뜻으로 사용했는데, 그것은 "영혼에 평화를 가져다 준다"(항목 「광신」)라는 의미를 가졌다. 『철학사전』에는 종교에 관한 항목들과 함께 철학·정치·정의에 관한 더 작지만 중요한 항목 집단들이 있었는데, 그중 정의에 관한 항목들은 이후 개정판들에서 점차 더 큰 비중을 갖게 된다. 요컨대 볼테르는 유대-기독교 전통을 비판하고, 이성에 기반을 둔 대안적인 신앙체계를 제시한다. 모든 인류는 우주를 창조했고 악을 징벌하는 최고존재를 인정할 수 있는데, 그렇다면 무엇이 더 필요하단 말인가? 볼테르에게 중요한 것은 이 신앙의 실질적 효과, 즉 관용적인 시민사회에서 개인들이 번영과 행복을 누리는 것이다. 사전 항목들이 차례로 최고존재를 언급하지만 정작 「이신론」이라는 항목은 없는데, 이는 이신론이 『철학사전』의 전체 구도에서 핵심이기 때문이다.

위 설명이 『철학사전』이 고정되고 안정된 작품이라는 인상을 준다면 그것은 틀렸다. 볼테르의 목표는 우리로 하여금 생각하고 논증하게 만드는 것이며, 이성을 사용할 자유를 우리에게 허용하지 않으려는 온갖 종류의 사기꾼들로부터 우리를 해방시키려는 것이다. 그는 『철학사전』의 여러 개정판에 항목들을 계속 추가해서, 1769년이 되자 책은 두 권 분량이 되었고 118개 항목을 포함하게 되었다. 그리하여 더 이상 '휴대용'이라 부를 수 없게 되자 책의 제목에서도 그 표현이 삭제되었다. 『철학사전』은 여러 비평가들로 하여금 그 내용을 반박하도록 부추겼고, 개정 과정에서 볼테르가 추가한 내용(새 항목 추가 및 기존 항목 보강)은 종종 이 비판들에 대한 대응이었다. 따라서 『철학사전』이 개시한 대화는 그 책에 대한 비판자들과의 대화로 이어졌으며, 대개 볼테르는 어떻게든 최종반박을 자신이 하는 것으로 대화를 끝맺었다.

1769년 이후 볼테르는 『철학사전』을 한 편으로 밀어 두고 새로운 기획인 『백과전서에 대한 질문』*Questions sur l'Encyclopédie*(이하 『질문』)에 집중했다. 이것도 알파벳 순서대로 항목들이 실린 사전이었으며 1770년과 1772년 사이에 일곱 권 분량으로 출간되었다. 이 저작은 당시에는 베스트셀러였으나 그 이후 별다른 연구가 이루어지지 않았는데, 이것은 볼테르의 산문 작품 중 최후의 위대한 걸작이었다. 『철학사전』의 후속편이기도 하고 『백과전서』의 일부 항목들과의 대화이기도 한 『질문』은, 『철학사전』의 핵심이었던 성서 비판을 넘어 볼테르가 관심을 가진 주제들을 모두 포괄한다. 어떤 항목들은 그가 수십 년 전에 쓴 글을 재사용했는가 하면, 또 다른 항목들은 경제 또는 법과 정의 같은 새로운 주제들을 다룬다. 『질문』은 표면적으로는 알파벳 순서의 항목 배열구조에 의해, 그러나 실제로는 저자의 개성과 그의 낯익은 목소리와 문체에 의해 하나의 작품으로서 통일성을 갖는다. 그리고 이 탁월한 논쟁적 저서는 볼테르가 이룬 성취의 집대성이기도 하다.

그가 쓴 다른 긴 산문 저서들, 이를테면 『편지』나 『습속론』처럼, 『철학사전』과 『질문』은 "완결된" 작품이 아니라 여전히 진행 중인 작업이었다. 「감각」 항목의 결론이 이런 특징을 잘 보여 준다. "이 모든 것에서 도출되는 결론은 무엇인가? 읽고 생각할 수 있는 당신, 결론은 당신이 내려라." 볼테르는 언제나 정지 상태보다 운동을 중시했다. 이는 움직이는 과녁이 더 맞추기 힘들기 때문이었을 수도 있고, 답을 만드는 것보다 질문을 불러일으키는 것에 더 관심이 있기 때문이었을 수도 있으며, 어떤 논의에도 최종적인 마침표를 찍는 것을 싫어했기 때문이었을 수도 있다. 그는 도덕적인 이유에서나 정치적인 이유에서나 확정판결을 훗날로 연기함으로써 회의주의와 관용을 북돋우는 형식들을 선호했다. 이유가 무엇이건, 볼테르가 긴 산문 저작을 구성하는 방식에는 근본적인 유동성과 개방성이 있어 그의 작품을 놀라울 만큼 현대적인 것으로 만든다.

"사건"*affaire*의 발명

칼라스 사건은 볼테르의 경력에서 결정적인 순간이었다. 그것은 그에게 근본적으로 새로운 공적 이미지를 부여했고, 그가 여론의 힘을 새로이 인식하는 계기가 되었다. 볼테르의 명성이 워낙 자자했기에, 암울할 만큼 주기적으로 또 다른 "사건들"이 칼라스 사건의 뒤를 이었다. 칼라스와 마찬가지로 랑그도크*Languedoc* 지방 출신인 시르방*Pierre Paul Sirven*은 1762년에 정신적으로 불안정한 딸을 살해한 혐의로 기소됐으며, 이번에도 툴루즈 고등법원이 연루되었다. 볼테르의 지치지 않는 운동 덕분에 시르방과 그 일가는 (1771년이 되어서야) 모두 무죄를 인정받았다. 그런 다음에는 아일랜드 출신 자코바이트[2]로서 프랑스의 군인이 된 랄리 백작Thomas Arthur de Lally-Tollendal 사건이 있었다. 그는 1761년에 퐁디셰리*Pondichéry*에서 체포되어 1766년 반역죄로 처형당했다. 그의 아들은 볼테르

---

2 영국 명예혁명에서 등장한 반혁명 세력의 통칭.

에게 아버지의 명예를 회복해 달라고 요청했다. 이번에도 오랜 시간이 걸린 뒤 볼테르가 1778년 파리에서 임종을 앞두고 침대에 누워 있을 때에야 드디어 랄리 백작에 대해 사후 무죄 결정이 내려졌다는 소식이 들려왔다. 그는 마지막 숨을 내쉴 때까지도 운동가였던 것이다.

　(볼테르가 자신이 연루되었다고 느꼈기 때문에) 가장 심란했던 사건은 라 바르François-Jean Lefebvre de La Barre라는 젊은 귀족의 죽음이었다. 1766년에 피카르디Picardie 지방의 아브빌Abbeville에서 라 바르는 친구 두 명과 함께 십자가를 훼손하고 반종교적 노래를 부르고 종교행렬에 무례를 범한 혐의로 고발당했다. 라 바르의 방이 수색당했고 불온서적들이 압수됐는데, 여기에 『철학사전』이 포함되어 있었다고 한다. 이어진 재판에서 『철학사전』이 그 청년에게 악영향을 주어 그를 타락시켰다는 주장이 제기됐다. 라 바르는 유죄 판결을 받았다. 그는 혀를 찢기고, 참수된 뒤(귀족에 대한 배려), 장작더미에서 그 불온서적과 함께 시체가 불태워지는 형을 선고받았다. 이 선고는 파리의 법정에서 승인되었고, 라 바르는 1766년 7월 1일에 선고 내용에 따라 처형되어 그 시체가 『철학사전』과 나란히 화형당했다. 이 사건의 소송 과정과 처벌은 볼테르가 그 책에서 비판했던 악과 편견을, 특히 종교적 광신자들이 잔인하다는 점과 몇몇 신자들이 기독교적 자비를 갖추지 못했다는 점을 고스란히 드러냈다. 권력당국이 『철학사전』을 공개 화형에 처할 필요를 느꼈다는 사실이 오히려 볼테르의 주장, 즉 그들이 그를 대리 화형에 처했다는 점을 입증했다. 며칠 뒤인 7월 7일에 이 소식을 듣자마자 볼테르는 다밀라빌Étienne Noël Damilaville에게 편지를 썼다.

친애하는 형제여, 내 마음은 말라죽고 나는 부서졌습니다. 나는 누군가가 이 멍청하고 절제되지 않은 바보 같은 작품을 핑계 삼아 오직 지혜와 순수한 도덕만을 가르치는 사람들에게 죄를 물으리라고는 상상도 하지 못했습니다. 나는 덜 불공정한 사람들이 사는 어느 외국 땅에서 살다 죽고 싶은 심정입니다. 할 말이 너무 많아 입을 다물 수밖에 없습니다.

볼테르의 침묵은 오래 가지 않았다. 그는 7월 7일 아브빌에서 작성된 것으로 가장된 익명의 편지를 유통시켰다. 또한 7월 15일로 날짜를 적어 넣은 『귀족 라 바르의 죽음』*Relation de la mort du chevalier de La Barre*을 썼는데, 그것은 2년 전인 1764년에 법률개혁에 관한 계몽사상의 대표작이 될 『범죄와 형벌』*Dei delitti e delle pene*을 갓 출판한 이탈리아 법률가 베카리아Cesare Beccaria에게 보내는 편지의 외양을 띠었다. 결국 치안판사 뒤발은 면직되었고 나머지 두 피고인은 석방되었다. 라 바르에게는 너무 늦었지만, 볼테르는 일종의 승리를 거둔 셈이다.

　이 운동들에서 볼테르가 여론을 일깨우는 탁월한 능력을 보여줬다고 해서 그의 한계점을 간과해서는 안 된다. 오늘날 우리가 칼라스나 라 바르에게 집행된 형벌에 관해 읽으면 구체제가 승인한 법적 절차의 끔찍한 야만성에 경악을 금할 수 없다. 그런데 볼테르는 이런 법적 절차를 공격할 때 (적어도 처음에는) 형벌의 잔인함을 문제 삼지 않았다. 그는 (거짓) 종교가 인간의 지성을 왜곡하는 방식에 대해 지적 혐오감을 표출했으며 종교적 편견에 기초해 불합리한 판결을 내리는 판사들에 몸서리쳤다. 그는 『질문』 1770년판의 「확실한, 확실성」 항목에서 사법적 오류를 다룬다. 그는 몽바이이François-Joseph Monbailli와 그의 아내가 모친 살해라는 누명을 쓰고 잔인하게 처형당한 사건을 법률적 확실성 문제가 판결 오류로 이어질 수 있다는 증거로 든다. 귀족 법률가였던 몽테스키외가 이미 『법의 정신』*De l'esprit des lois*(1748)에서 (물론 침착한 어조로) 고문 관행을 비판한 바 있었지만, 그 논의는 칼라스 재판에 대한 볼테르의 초기 대응에 영향을 주지 않았던 것으로 보인다. 역사가 린 헌트Lynn Hunt는 이 시기 문학작품들이 보여 준 감수성에 대한 놀라운 관심이 그 시대에 인권 의식이 등장한 것과 밀접한 관계가 있다고 주장했는데, 고문의 잔인함에 대한 이 같은 감정적 반응은 볼테르가 이 운동을 개시할 당시 그의 주된 동기가 아니었던 것으로 보인다.

그러나 볼테르는 분명 당대의 사유가 발전하는 방식을 날카롭게 관찰했다. 베카리아의 저서는 모렐레André Morellet의 번역으로 1766년 프랑스에서 출간되었는데, 그것은 칼라스 사건 논쟁 직후에 등장했기 때문에 더욱 큰 반향을 불러일으켰다. 자신이 베카리아의 그림자에 가려질까 걱정한 볼테르는 주도권을 되찾으려는 속이 훤히 보이는 시도를 했다. 『"범죄와 형벌"에 대한 논평』*Commentaire sur le livre Des délits et des peines*을 신속하게 쓴 것이다. 그것은 제목과 달리 실제로는 구체제 프랑스 사법 체계의 잔인함에 관한 독자적인 논문이었다. 『논평』은 1766년 가을에 출간됐고, 그 후로는 종종 『범죄와 형벌』과 한데 묶여서 인쇄되었다. 여론의 변화를 눈치채고 빠르게 대응한 덕분에, 볼테르는 '역사의 올바른 편'에 서는 데 성공했다. 18세기 말이 되면 고문 폐지는 전 유럽에서 주요 의제가 되는데, 볼테르는 그 논쟁에 (심오한 사상가로서보다 활동가로서) 상당히 큰 영향을 미쳤다.

이 모든 전투에서 볼테르를 특징짓는 무기는 조소였다. 그의 목소리는 즉각 알아 볼 수 있는 것이었고, 그는 반어법과 빈정거림을 어느 누구보다도 능수능란하게 다루었다. 그는 반대자들이 부조리하고 비논리적인 추론을 전개한다며 그들을 조롱했는데, 그 예로『관용론』에서는 1572년 파리의 가톨릭교도들이 군중으로서 집단폭력을 휘둘러 위그노 수천 명을 살해한 사건인 성 바르톨로메오 축일의 학살massacre de la Saint-Barthélemy에 대한 가톨릭교회의 비호를 비판한다.[3]

> 베드로 성인의 후계자와 추기경 회의가 틀렸을 리가 없다. 그들은 성 바르톨로메오 축일의 행위들을 지지하고 축하하고 승인했다. 그러므로 그 행위들은 몹시 성스러운 것이었다. 따라서 똑같이 신심이 깊은 두 암살자 중, 임신한 위그노 여성 여든 명의 배를 가른 자는 겨우 열두 명의 배만 가른 자보다 두 배나 더 많은 영원한 영광을 얻게 되었다.

권력자는 무엇보다도 공개적인 망신을 두려워한다. 볼테르의 문체가 가진 고도의 기교는 툴루즈의 판사들을 조롱거리로 전락시켰다. 파리의 법원들이 지방 판사들의 판결을 번복한 것은 부분적으로 볼테르가 풀어놓은 독한 조롱에 종지부를 찍기 위해서였다. 몽테스키외가 1740년대에 먼저 고문을 비판했을지 모르지만, 아무도 특별히 그의 비판을 기억하지 않았다. 그러나 일단 볼테르가 툴루즈 판사들을 공격하자 아무도 그것을 잊을 수 없었다.

1760년대 초반, 볼테르는 사실상 "사건"을 발명했다. 그의 행동은 국왕의 이름으로 엄격하게 비밀리에 사법 절차를 집행하던 구

---

3 이 학살은 1572년 8월 24일부터 한 달 이상 진행됐다. 총 희생자 수는 5000명에서 1만 명 사이로 추산된다.

체제 프랑스의 법체계에 심대한 타격을 줬다. 예를 들어 구체제 법에서 피고인은 재판 전에 자신에게 불리한 증거들을 통지받을 권리를 갖지 못했는데, 사회학적 관점에서 보면 엘리자베트 클라브리Élisabeth Claverie가 말한 것처럼 정의는 피고인의 종교적·사회적 지위에 대응하여 각각 다르게 집행되었던 것이다. 볼테르가 칼라스와 라 바르 편에 서서 전개한 운동은 이 규칙들을 거꾸로 뒤집어 놓았다. 운동의 공개적 성격은 왕정의 사법제도가 지닌 "은밀성"을 침범했다. 볼테르가 들고 나온 '일반 이익'은 모든 특정 사회 범주의 구체적 이익을 초월했다. 『관용론』에서 볼테르는 특정한 사건의 구체적인 사실들에 대해 일반적이고 보편적인 의미를 부여하기 위해 "인류"le genre humain 개념을 반복해서 원용했다. 이렇게 공개적 운동의 형식으로 펼쳐진 공적 무대는 재판을 하나의 사건으로 바꾸는 역할을 했다.

여론

"사건"의 발명은 페르네 시절 볼테르의 가장 큰 성취라고 할 수 있을 것이고, 칼라스 사건에서 그가 거둔 주목할 만한 승리로부터 우리는 여론의 힘을 완전히 새롭게 이해할 수 있다. 1763년에 출간된 『습속론 보론』*Remarques pour servir de supplément à l'Essai sur les moeurs et l'esprit des nations*에서 볼테르는 "여론의 힘"에 대해 이야기하는데, 이 관념은 그의 1764년작 비극 『올림피아』*Olympie*에서 "여론은 전능하며, 너에게 유죄판결을 내렸다"라는 구절로 재등장한다. 이제 철학자들의 과제는 여론의 힘을 조절하는 것이었고, 볼테르는 1764년의 다음 편지에서 드러나듯 그것을 명확히 인식하고 있었다. "여론은 세계를 지배하지만, 장기적으로 그것

그림 6. 〈가련한 칼라스 가족〉, 카르몽텔의 그림에 기초한
들라포스Jean-Baptiste Delafosse의 판화, 1765년

의 모습을 결정하는 것은 철학자들이다." 1765년에 그림과 디
드로는 화가 카르몽텔Louis Carrogis, dit Carmontelle의 작품에 기초한
「가련한 칼라스 가족」La Malheureuse Famille Calas이라는 판화를 구
독신청을 받아 판매하려는 계획을 홍보했다. 그 판매수익으로
어려움에 처한 칼라스 가족에게 금전적 지원을 제공하려는 목
적이었다(그림 6). 이것은 칼라스 가족에게 도움이 된 만큼이나
철학자들의 대의에도 도움이 된 기획이었으며, 이에 볼테르는
열두 점을 신청했다. 나중에 드농Vivant Denon은 한 희극적 그림
에서 볼테르가 침대에 앉아 친구들에게 둘러싸여 있는 장면을
그렸는데, 그 그림은 볼테르가 매일 아침 일어나면 볼 수 있는
침대 옆 벽면에 「가련한 칼라스 가족」이 걸려 있었음을 보여 준
다(그림 7).

여론을 조성하려는 이 운동에서, 볼테르는 최대한 많은 수의

그림 7. 〈페르네의 점심〉Le Déjeuné de Ferney, 드농이 현장에서 그린
그림에 기초한 네Denis Née와 마스클리에Louis-Joseph Masquelier의 판화,
1775년 7월 4일

독자와 소통하고 계속해서 공중의 시선을 받아야 할 필요를 느꼈
다. 이를 위해 그는 우리가 지금까지 살펴본 것처럼 무엇보다도 출
판물이라는 수단을 활용했다. 그는 능숙하게 빠른 속도로 저술했
으며 그의 펜으로부터 작품들이 홍수처럼 흘러나왔다. 그림은 이
것을 "페르네의 공장"이라 불렀다(이것은 칭찬이기만 한 것은 아니었
다). 볼테르는 소책자, 이야기, 기사 항목 같이 짤막하고 들쭉날쭉
한 문학적 형식들의 전문가였다. 그것들은 논쟁적 목적에 적합했
고 그는 때때로 그것들을 고쳐서 새로운 선집의 형태로 펴내곤 했
다. 그는 공중의 눈앞에 머무르기 위한 작업에 쏟을 시간적 여유가
많았다. 출판 외에 편지 쓰기도 핵심적인 수단이었다. 그는 친구들
과 고위층에게 매일 많은 편지를 썼고, 그 편지들 중 지금 우리에게

알려진 것만도 1만 6000점이 넘으며 그것들 전체는 유럽 문학사에서 가장 의미가 큰 서간집을 이룬다. 편지들 중 엄밀하게 말해 사적이고 개인적이라 할 수 있는 것은 상대적으로 적다. 그가 평생 집착한 문제인 자신의 건강 상태를 이야기하는 편지들조차 완전히 사적이라고 보기는 어렵다. 대부분의 경우에 그의 편지들은 지정된 수신인보다 더 광범위한 독자층을 겨냥해서 쓰였으며, 그는 자신의 편지들이 여럿이 모인 자리에서 낭독되거나, 수신인의 친구들에게 읽히거나, 어쩌면 손에서 손으로 전해지고 사본이 만들어질 가능성이 있다는 점을 충분히 고려해서 그것들을 작성했다.

방문객들의 역할도 중요했다. 페르네 성은 그랜드투어[4]의 정규적인 기착지가 되었으며 제네바를 통과하는 방문객들은 바로 근처에 사는 당대 가장 유명한 작가를 방문해야만 했다. 볼테르는 호화롭게 살았고 손님을 환대하는 것으로 잘 알려져 있었다. 이 시절 그는 자칭 "유럽의 여관 주인"이었다. 그리고 젊고 감수성이 예민했던 보즈웰처럼, 방문객들은 이 위대한 인물에게 받은 인상을 기록해 두는 경우가 많았다(참고 6). 1761년 볼테르가 자기 성 바로 앞에 마을 성당을 새로 짓고 "볼테르가 신을 위해 이것을 지었다 *Deo erexit Voltaire*"라는 문구가 새겨진 현판을 붙였을 때처럼, 그는 끝없는 이야기와 일화의 원천이었다(그림 8). 『런던 잡지』*London Magazine*는 1773년 기사에 볼테르가 "말하길, 이것은 기독교 세계에서 신에게 헌정된 유일한 교회다"라고 썼는데, '볼테르'라는 글자가 '신'이라는 글자보다 더 큰 글씨로 새겨져 있었다고 덧붙일 수도 있었을 것이다. 이런 종류의 일화의 핵심은 그것이 이야깃거

---

4 영국 상류층 자제들이 젊은 시절 견문을 쌓기 위해 주로 프랑스와 이탈리아를 여행한 것을 가리키는 말.

참고 6. 제임스 보즈웰이 1764년 12월에 페르네에 방문했던 일을 회고하다

어제 나는 이 마법의 성으로 돌아왔다. 마술사는 저녁식사 전에는 거의 모습을 드러내지 않는다. 그러나 저녁에 그는 힘찬 모습으로 응접실에 들어왔다. 나는 그의 옆자리에 앉았다. (……) 그는 완전히 빛났다. 그는 내게 계속해서 재치 있는 입담을 보여 줬다. 나는 그가 영어로 말하도록 만들었다. (……) 그가 우리 언어로 말할 때면 그에게 영국인의 영혼이 깃든 것만 같았다. 그는 대담하게 말했고, 유머 감각이 있었다. (……) 그는 영국에 있을 때 했던 것처럼 걸쭉하게 욕을 했다. 그는 우리의 곡조를 콧노래로 불렀고, 우스갯소리도 했다. 그러고는 우리의 헌정憲政에 대해 고귀한 열정을 갖고 이야기했다. 나는 이 저명한 프랑스인의 입에서 그런 이야기를 듣는 것이 자랑스러웠다. 드디어 우리는 종교 이야기로 넘어갔는데, 그러자 그는 분노에 휩싸였다. 사람들은 모두 저녁식사를 하러 갔다. 볼테르 씨와 나는 응접실에 남아서 커다란 성서를 앞에 놓고 세상 그 어느 두 남자보다도 더 격렬하게 논쟁했다. (……) 그가 대담하게 쏟아내는 조롱이 내 사고를 교란했다. 그는 고대 로마의 웅변가 같았다. (……) 그는 정도를 지나쳤다. 그의 늙은 몸이 그 안에서 떨었다. 그는 "나는 너무 아프고, 머리가 어지럽구료"라고 외친 뒤 안락의자에 털썩 주저앉았다. 그는 다시 일어났다. 나는 대화를 재개하면서 어조를 바꿨다. (……) 나는 그에게 진실한 감정을 솔직하게 털어놓으라고 말했다. 그는 정직하고 부드럽게 호소하며 내게 마음을 털어놓았고, 나를 감동시켰다. (……) 그는 최고 존재에 대한 깊은 존경, 즉 사랑을 표현했고, 모든 것을 아는 그분의 의지에 자신의 존재를 완전히 내맡긴다고 말했다. 그는 스스로 선해짐으로써 선의 창조자를 닮고 싶다고 말했다. 자신의 감정은 그것보다 더 나아가지 않는다고 했다. 영혼불멸이라는 큰 희망으로 자신의 정신을 흥분시키지 않는다고 했다. 영혼이 불멸할지도 모르지만, 전혀 알 수 없다는 것이다. 그리고 그의 정신은 완벽한 평온 상태에 도달했다고 말했다. 나는 감동받았고, 안타까웠다. 나는 그의 진실성을 의심했다. 나는 감정을 담아 물었다. "정말입니까? 진심인가요?" 그는 "신께 맹세코 진심입니다"라고 대답했다. 그러더니 파리의 극장가에서 그토록 자주 빛나던 비극들을 써낸 그 불꽃을 담아, 그는 말했다. "나는 고통을 많이 받습니다. 그러나 나는 인내심과 체념으로 그 고통을 이겨냅니다. 기독교인으로서가 아니라, 인간으로서."

그림 8. 페르네 예배당에 각인된 문구. "볼테르가 신을 위해 이것을 지었다."

리가 되고 언론에 보도되는 것이 바로 볼테르의 의도였다는 점이
다. 1768년과 1769년에 볼테르가 동네 성당에서 부활절 성찬식
에 참석하자, 겉보기에 사적인 이 행위는 삽시간에 '그가 늙어서
정신이 오락가락하는 것인가, 또는 오히려 이것이 도발적인 불경
인가' 하는 전국적인 논쟁의 소재가 되었다. 볼테르는 모든 사람

들을 궁금하게 만드는 것을 즐겼다. 그는 소통의 영역에서 흥행꾼다운 예민한 감각을 지녔던 것이다.

이 시기에 이르면 볼테르는 자신의 산문 문체 덕에 아무나 흉내낼 수 없는 작가가, 그리고 유명세 덕에 아무도 건드릴 수 없는 인물이 되어 있었다. 당대 "매체"(기본적으로 신문을 말하지만, 편지를 비롯한 수기문서의 유통도 이에 해당된다)에 대한 그의 철저한 장악력은 그의 명성을 더욱 드높였다. 이 마지막 역할, 즉 페르네의 군주로서의 역할은 그가 여태껏 보여 준 공연들 중에 가장 성공적이었다. 이를 궁극적인 자기창조라 부를 수 있을 텐데, 그것은 후대에 전해진 볼테르의 이미지를 결정지었다. 우리는 볼테르의 젊은 시절 방황과 실패를 잊고 페르네의 군주만을 기억한다.

볼테르는 종교적 불관용을 가차 없이 공격했다. 그의 강점은 주장이 평이하고 세월이 흘러도 변치 않는 호소력을 갖는다는 점에 있다. 그는 줄곧 여러 차례 같은 사례들을 반복해서 말하고, 상대의 기를 꺾는 반어법을 동일한 과녁에 끝없이 던졌다. 처칠 Winston Churchill의 말대로 광신자를 "생각을 바꿀 수 없고 주제를 바꾸려 들지 않는 자"라고 정의한다면, 볼테르야말로 광신에 맞선 전투에서 광신자였다고 평가할 수 있다. 그는 "칼라스 가족의 수호자"l'homme aux Calas로 영원히 기억될 것이다. 그가 말년에 파리로 돌아와 길을 거닐 때 사람들은 그를 보며 "칼라스 가족의 수호자"라고 소리쳤다. 볼테르를 그다지 좋아하지 않았던 디드로조차 "칼라스 가족의 수호자"에 대해서는 칭찬을 아끼지 않았으며, 애인인 소피 볼랑에게 보낸 편지에 다음과 같이 썼다. "이는 친재성을 얼마나 선하게 사용한 것인가! (……) 그럴 것 같진 않지만, 만에 하나라도 그리스도가 존재한다면, 분명히 볼테르는 구원받을 것이라고 내 장담하리오."

8장 인기인

우리가 사상가이자 작가로서의 볼테르의 성취를 어떤 방식으로 요약할 것인가 하는 문제는, 그 성취의 배경이자 맥락으로서 존재했던 '계몽의 시대'*Age of Enlightenment*의 전반적인 사상의 흐름을 우리가 어떻게 이해하는가 하는 문제에 달렸다. 계몽의 시대를 바라보는 관점은 다양하며, 어떤 관점을 취하느냐에 따라 볼테르의 인기는 올라가기도 하고 떨어지기도 했다. 문학사가 다니엘 모르네*Daniel Mornet*가 1933년에 프랑스혁명의 지적 기원에 관한 영향력 있는 저작을 발표했을 때, 그는 볼테르와 다른 철학자들의 "비판 정신"이 1770년대와 1780년대에 여론의 분위기를 만들었고 그것이 직접적으로 프랑스 혁명가들에게 영향을 주었다는 관점을 당연한 것으로 취급했다. 그러나 그 이후로 그림은 훨씬 더 복잡해졌다. 계몽사상은 더 이상 순수하게 프랑스만의 현상인 것으로, 심지어 프랑스가 중심을 차지한 현상인 것으로도 간주되지 않는다. 그리고 프랑스혁명은 미국과 다른 곳의 혁명들의 맥락 속에서 재평가되고 있다.

계몽시대의 사상

이 같은 변화는 볼테르에 대한 관점을 어떻게 바꾸는가? 그는 군주제 지지자였고 사회적·정치적 평등 개념에 전반적으로 반대했던 만큼, 우리는 그에게서 급진적 평등주의를 발견하려 하지 않는다. 20세기 중반까지 볼테르는 가톨릭교회를 비판하고 급진적 자유사상을 지지한 사상가라는 이유로 사랑 또는 증오의 대상이었다. 1956년 프랑스 학자 르네 포모는 당시로서는 도발적인 제목의 『볼테르의 종교』*La Religion de Voltaire*라는 저서에서 볼테르의 반복적인 이신론적 신앙고백을 액면 그대로 받아들여야 한다고 주장했는데, 이 테제는 20세기 후반에 (보편적이진 않았지만) 광범위한 지지를 얻었다. 최근에는 역사가 조너선 이즈리얼Jonathan Israel이 계몽사상에 대해 많은 글을 썼는데, 그에 따르면 계몽사상은 한편에는 스피노자식 유물론에서 내려오는 무신론적 전통에 기초한 "급진" 계몽사상과 다른 한편에는 자연종교나 이신론의 이름으로 신에 관한 최소주의적 관념을 포용한 "온건" 계몽사상으로 양분되었다. 이런 기준으로 보면 볼테르는 (포모의 테제에서와 마찬가지로) "온건주의자"로 분류된다. 즉 그는 자기 사상의 논리적 귀결을 끝까지 따라갈 용기를 갖지 못했기에 동시대의 더 열렬한 급진주의자들에 비해 덜 흥미로운 인물인 것으로 상정되는 것이다.

볼테르에 대한 이런 비판은 (그것이 비판이라면) 그의 생전에 이미 제기된 비판이라는 점에서 더욱 그럴싸하다. 긴 생애의 끝자락에, 볼테르는 한물간 사람으로 인식되기에 이르렀다. 실제로 그는 죽기 얼마 전 코메디프랑세즈에서 축하를 받을 때 유행이 지난 궁정 예복을 입는 등, 그런 이미지에 장단을 맞췄다. 어쩌면 그는 구닥다리 작가 역할이 자신의 급진주의를 안전하게 감춰줄 품위를 만들어 낸다고 생각해서 마지막으로 그 역할을 연기하고 죽기로 선택한 것은 아니었을까?

흔히 계몽사상은 세속적 가치를 강조하고, 신과의 관계 속에서가 아니라 인간사회라는 맥락 속에서 인간을 연구하는 것을 중시했다는 이유 때문에 서양문명의 전환점으로 인식된다. 그러나 계몽사상가들이 기계적으로 종교에 적대적인 입장을 취했다고 생각하는 것은 오류다. 볼테르는 종교에 대해 거의 집착에 가까울 만큼 글을 많이 썼다. 이미 살펴본 것처럼, 그의 초창기 운문은 미신과 신에 대한 공포를 배격하는 에피쿠로스적 태도에 고취되어 있었고, 그의 말기 작품인 『기독교 수립사』*Histoire de l'établissement du chris-tianisme*는 기독교에 맞서 매우 편파적인 입장을 고수했다.

그의 논쟁적인 저작 가운데 다수는 성서와 성서 비판에 관한 상세한 지식에 토대를 두고 있다. 그리고 그가 제네바 또는 그 근처에 살던 시기에, 성서 강해의 세부사항을 알기 위해 문의한 사람들은 바로 그가 서신을 주고받던 제네바의 목사들이었다. (조너선 이즈리얼에게는 분류의 핵심 기준인) 무신론과 이신론의 대립은 정작 18세기에는 그다지 중요한 구분이 아니었다. 당시 사상가들은 대부분 현실적으로 사회의 평화와 화합을 위해 신앙의 자유를 보호하는 데 관심을 기울였을 뿐, 계시의 형이상학에는 크게 개의치 않았다. 볼테르의 견지에서 가장 큰 해악은 불필요하게 사회를 찢어발긴 종교전쟁이었다. 그는 거듭하여 프랑스의 종교전쟁, 특히 성 바르톨로메오 축일의 학살로 되돌아왔고, 그가 매년 학살의 추도일8월 24일에 병이 났다는 증언이 기록되어 있다.

달리 말하면, 기본적으로 종교에 대한 볼테르의 관심은 역사적인 것이었다. 그는 탐정 같은 역사가로서의 서술을 통해 성서의 서사가 비논리적이고 수미일관하지 못하며 불합리하여, 무조건적인 신앙의 대상이 될 만한 가치가 없다는 점을 입증하고 싶어 했다. 어째서 그런 조잡하고 모순되는 증거에 입각해 동료 인간을 박해한단 말인가? 지식의 진보에 대한 더 광범위한 관심의 일부로서, 종교의 본성에 관한 이런 역사적 탐구는 볼테르를 계몽사상의 핵심에 놓는다. 지성사가 존 로버트슨John Robertson은 유럽 곳곳의 계몽사상가들을 결속시킨 가장 중요한 주제는 인간의 조건을 개선하려는 욕구라고 보며, 계몽을 "지상에서의 인간 조건을 더 잘 이해함으로써 실천적으로 그것을 개선하는 것을 목적으로 삼는, 18세기의 뚜렷한 지적 운동"이라고 정의한다.

"실천적 개선"을 강조하는 이 정의에 따르면, 볼테르는 분명히 우리가 오늘날 계몽사상이라 부르는 운동에서 대단히 중요한 인물이다. 데니스 라스무센Dennis Rasmussen은 최근 저서에서 계몽사상을 근대 자유주의의 전신으로 간주하면서, 급진 대 온건 계몽사상이라는 조너선 이즈리얼의 이분법을 "실용적 계몽사상"과 추상적 사유라는 이분법으로 대체한다. 이 구도는 프랑스의 볼테르와 몽테스키외, 그리고 영국의 흄과 스미스처럼 실용주의적 사고방식을 가진 사상가들을, 그보다 더 추상적인 이론들을 고안한 관념론적 사상가들에 대립시킨다. 볼테르는 자주 인용되는 다음 구절에서 자신을 루소에 대비하며 선언한다. "장-자크는 오직 쓰기 위해서만 쓰는 반면, 나는 행동하기 위해 쓴다"Jean-Jacques n'écrit que pour écrire et moi j'écris pour agir. 우리가 "행동을 위한 글쓰기"라는 이 관념을 볼테르를 이해하기 위한 열쇠로 받아들인다면, 그다음 질문은 "어떻게?"가 될 것이다. 그의 사상이 지닌 진정한 중요성을 이해하기 위해서는 그것의 내용을 검토하는 것만으로는 불충분하다. 우리는 그것이 공중에게 가장 생생하고 효과적으로 전달되도록 만들기 위해 어떤 방식으로 발화되고 전파되었는지를 이해할 필요가 있다. 볼테르는 급진주의자였지만, 그의 급진 계몽사상은 조너선 이즈리얼이 그려내는 부류의 급진주의가 아니었다. 그리고 이 사실을 이해하기 위해서 우리는 작가로서의, 그리고 인기인으로서의 볼테르의 면모에 주목해야 한다.

공론장

최근 들어 학계에서는 18세기에 "공론장"*public sphere; Öffentlichkeit*이 대두하면서 계몽시대의 사상이 어떻게 전파되었는지에 관한 논의가 풍성했다. 공론장이란 표현은 1962년 독일어로 출간되었고 특히 1989년 영역본이 출간된 뒤 많은 논쟁을 촉발시킨 하버마스*Jürgen Habermas*의 저서 『공론장의 구조변동』*Strukturwandel der Öffentlichkeit. Untersuchungen zu einer Kategorie der bürgerlichen Gesellschaft*에서 유래한다. 실제 공론장의 한 예로 시민들이 자유로이 모여 공적인 일을 논의할 수 있던 커피하우스를 들 수 있다. 애디슨은 『관찰자』의 창간호에서 자신이 정보를 수집하는 방식을 이야기한다. "나는 일요일 밤에 성 제임스 커피하우스에 가서, 때때로 내실에 있는 작은 정치위원회에 가담하곤 한다." 여기서 애디슨이 묘사하는 것은 단지 정보의 원천이 아니라 사실 새로운 독자층이다. 우리는 볼테르가 『관찰자』를 교재 삼아 영어를 익혔다는 사실을 잊지 말아야 하는데, 『관찰자』는 독자에게 딱

딱하지 않고 친숙하며 종종 살짝 반어적인 어조로 공공의 이해 관계가 걸린 다양한 문제들에 대해 이야기했다. 이 같은 문학적·언어적 사례는 볼테르에게 여러 가능성을 열어줬음이 분명하다.

18세기 파리의 살롱은 19세기 들어 재치와 교양의 전형으로 그 존재가치가 격상되었으며, 당시 작가들이 정부의 감시를 피해 자유롭게 생각을 교환할 수 있는 대안적 공간이었던 것으로 여겨져 왔다. 그러나 역사가 앙투안 릴티Antoine Lilti는 최근에 이런 관점에 문제를 제기하면서 살롱이 사실은 남녀 문인들이 귀족들과 어울릴 수 있는 사교 공간이었으며, 따라서 작가들이 영향력 있는 권세가들과 친분을 쌓을 수 있는 통로로 기능했음을 보여 주었다. 물론 볼테르가 생애의 대부분을 수도 바깥에서 보냈기에 파리의 살롱에 실제로 자주 출입하지는 않았지만, 그가 수도에서 자신의 입지를 유지할 수 있었던 것은 서신교환 덕분이었으며, 편지가 오가는 이 같은 교환망을 발전시킨 것은 살롱의 사교였다.

한 예로 볼테르가 1720년대부터 알고 지냈고 1760~70년대에 빈번하게 편지를 주고받은 데팡 후작부인Marie de Vichy-Chamrond, marquise du Deffand의 경우를 들 수 있다. 데팡 부인은 뤽상부르 공작부인duchesse de Luxembourg, 콩티 공Louis-François de Bourbon, prince de Conti, 슈아죌 공작 부부duc & duchesse de Choiseul와 친밀했기 때문에, 볼테르는 데팡 부인에게 보낸 편지를 그녀의 고위층 사교계가 소리 내어 읽고 돌려볼 것이라고 확신할 수 있었다. 그녀는 볼테르의 편지에 "당신의 편지가 워낙 매력적이라, 다들 나한테 사본을 만들어 달라고 하더군요"라고 답장하기도 했다. 특권을 가진 사람들이나 허락을 받은 사람들이 편지를 베껴 보관할 수는 있었지만, 사적인 친분으로 받은 편지를 인쇄물로 출판하는 것은 관례에 크게 어긋

나는 일이었다. 그래서 자신의 편지가 준準공론장semi-public sphere
이라 부를 만한 영역에서 유통될 것이라는 점을 잘 알고 있었던 볼
테르는 권력자들에게 영향을 주기 위해 서신교환을 적극적으로
이용했던 것이다.

출판업

물론 볼테르는 [서신교환의 경우보다] 더 광범위한 공중과 접촉하
기 위해서 출판이라는 매체를 사용했다. 18세기 출판문화는 역
동적이었으며 사상은 책, 소책자, 신문으로, 그리고 인쇄된 그
림의 형태로도 유통되었다. 서유럽의 문해율文解率은 그 전 세기
와 비교할 때 전반적으로 높아졌고, 그 숫자가 늘어난 인쇄업자
들이 사람들이 접하기 쉬운 작은 12절 규격duodecimo의 값싼 책
들(오늘날의 문고본)을 판매했다.[1] 다른 한편 유럽 대부분의 국가
에서 검열제도는 어떤 형태로든 존재했는데, 프랑스에서는 출
판유통업을 통제하기 위한 별도의 부처를 운영한 정부 외에 교
회와 고등법원 또한 책을 검열할 수 있었다.

볼테르는 출판업을 능숙하게 다루는 법을 누구보다도 잘 알았
다. 일단 그는 인쇄의 세부사항에 관심이 많았다. 그가 다양한 인
쇄업자들에게 여백, 글꼴, 난외欄外표제에 관해 구체적으로 지시
한 흔적이 담긴 편지들은 그가 인쇄라는 업종에 대해 잘 이해하고
있었다는 사실을 보여 준다. 그가 언젠가 편지에 쓴 것처럼 "시장
에서 대구를 파는 것처럼 책을 인쇄하면 안 된다." 또 그는 자기 저

---

1 당시 대부분의 책은 1절(folio), 4절(quarto), 8절(octavo), 12절(duodecimo) 규격
으로 출간되었으며, 종이에 인쇄된 묶음을 팔았을 뿐 제본해서 판매하지는 않았다. 제본
은 구매자가 별도로 비용을 들여서 해야 하는 일이었다.

서가 최대한 널리 유통되게끔 인쇄업자(와 출판업자는 18세기에 명확하게 구분되지 않았다)를 매우 빈틈없이 다루었다. 당시는 저자가 베스트셀러를 통해 돈을 벌 수 있는 시대였지만, 볼테르는 책을 팔아 돈을 벌 생각을 하지 않아도 될 만큼 이미 부유한 상태였다. 그러므로 그의 일차적인 관심사는 검열관의 눈을 피해 실제로 책을 세상에 내놓고 자신의 생각을 공중에게 전달하는 것이었다. 그래서 1770년대 초, 볼테르가 『백과전서에 대한 질문』을 출판업자인 크라메르를 통해 정식으로 내놓았을 때, 그는 크라메르 몰래 조금 더 보완한 교정원고를 뇌샤텔Neuchâtel에 소재한 다른 출판업자에게도 제공했다. 그렇게 안 해도 볼테르의 저서는 잘 팔릴 확률이 높았는데, 경쟁관계에 있는 두 출판업자가 동시에 자기 책을 내도록 만듦으로써, 그는 시장에 자기 책이 최대한 많이 풀리도록 하는 동시에 어느 한 나라의 경찰이 출판업자의 재고를 압수하더라도 독자들이 자기 책을 구해 볼 수 있도록 안전망을 친 것이다.

검열제도는 분명히 큰 문제였고, 볼테르는 『편지』를 출간한 뒤 거의 투옥될 뻔했던 경험을 절대로 잊지 않았다. 그가 출판업을 점점 더 능숙하게 조종할 수 있게 되면서, 책의 저자가 누군지를 홍보하는 방식에서도 수완이 좋아졌다. 오늘날 우리는 책 표지에 저자 이름이 당연히 적혀 있다고 생각하지만 18세기에는 이런 관행이 전혀 일반적이지 않았다. 볼테르는 으레 희곡이나 역사서에는 실명을 날인했지만, 다른 종류의 저작을 출간할 때는 보통 익명이나 ("노브고로드Novgorod의 대주교" 같은) 가명으로 냈다. 그가 워낙 유명했고 그의 목소리는 단박에 알아챌 수 있는 것이었기 때문에, 그는 책에 자기 이름을 내걸 필요가 없었다. 어차피 다들 그가 저자라는 사실을 알았기 때문이다. 표지에 실명을 표기하지 않는 것의 장점은 명백했다. 경찰이 그가 쓴 어떤 불온서적을 탄압하게 되면 그는 단지 그 책의 저자가 아니라고 말하기만 하면 됐고, 그 경우 그가 거짓말을 하고 있음을 입증할 책임은 경찰이 지게 되었다. 게다가 그는 모든 것을 놀이로 바꾸는 천재성을 지녔다. 볼테르는 파리에 사는 신뢰할 수 있는 친구인 다밀라빌에게 보낸 편지에서 "친애하는 형제여, 신이 나를 지켜주어 내가 『휴대용 철학사전』과 엮이지 않게 해주길! 그 책을 약간 읽어 봤는데 지독한 이단의 악취를 풍기더구만"이라고 썼다. 이어서 그는 "하지만 자네가 이 반종교적인 작품들에 관심이 있고 그것들을 반박하려는 열의가 크다면, 내가 몇 부 수소문해서 최대한 빨리 보내 주겠네"라고 덧붙였다. 즉 그는 하나의 편지에서 긴밀한 협력자에게 파리에서 금서로 지정된 신작을 보내 주는 동시에, 급박한 상황이 닥치면 협력자가 당국에 읽어 줄 수 있는 요긴한 몇 문장을 함께 적어 보낸 것이다. 상대방을 혼란스럽게 만드는 것이 볼테르의 비결이었다. 그는 여러 수신자에게 편지들을 보내, 어떤 이에게는 자신이 『철학사전』의 저자가 아니라고 말하고, 다른 이에게는 그 책의 저자가 "뒤뷔"Dubut라는 이름의 학생이라고 말하고, 또 다른 이에게는 그 책이 여러 저자의 합작품이라고 말한다. 아무도 이 말들을 믿어 주지 않더라도, 그것들은 불온서적의 저자를 찾는 검열관들이 볼테르에게 접근하기 전에 엉뚱한 길로 빠지기에 충분히 많은 잘못된 길을 만들어 냈다.

볼테르가 유명해질수록 그의 글이 갖는 영향력도 커졌다. 1770년 9월, 덴마크 왕 크리스티안 7세Christian 7는 자신의 영토 내 언론의 자유를 선포했다. 한 국가가 공식적으로 이 같이 선언한 것은 유례가 없었으며, 이는 계몽사상의 역사에서 특별한 순간이었다. 76세의 볼테르는 즉시 행동에 착수해, 『덴마크 왕에게 보내는 편지』Épitre au roi de Danemark를 썼다. 이 시에서 그는 덴마크 왕에게 아낌없는 찬사를 쏟아 낸 뒤(볼테르는 덴마크 왕의 신민이 되는 것이야말로 삶의 마지막 위안일 것이라는 믿기 어려운 선언을 한다), 곧이어 프랑스에 언론의 자유가 부족하다고 비판했다. "그대, 국왕의 허락 없이는 마음대로 생각도 하지 못하고 / 재치 있는 말을 하면 경찰에 가게 되리." 여기에는 명백한 계몽의 교훈이 담겨 있었다. 볼테르는 덴마크 왕의 결정(이 결정은 곧 철회되겠지만, 그것은 또 다른 이야기로, 영화 〈로열 어페어〉 *A Royal Affair*에 나온다)을 유럽의 다른 군주들이, 특히 루이 15세부터, 따라야 할 모범으로서 제시한 것이다.

여기서 흥미로운 것은 (잘 썼지만, 그 이상은 아닌) 시 자체보다는 볼테르가 그것을 홍보한 방법이다. 1770년 말, 그는 파리에 있는 달랑베르에게 이 신작에 대해 호기심을 돋우듯 이야기하면서 정작 시는 보내 주지 않았다. 1771년 1월 15일에는 수고 상태의 시를 크리스티안 7세에게 보냈다(이 10쪽짜리 수기문서는 지금도 코펜하겐의 왕립도서관에 보관되어 있다). 그런 뒤 볼테르는 아르장탈 백작, 슈아죌 공작부인 등 파리의 다른 고위층 친구들에게 이 시를 언급하며 덴마크 왕의 모범을 칭송하고 프랑스에 언론의 자유가 부족함을 한탄했는데, 그러면서도 시를 보내지는 않았다. 그는 사본을 만드는 데 어려움을 겪고 있다며 설득력 없는 변명을 늘어놓거나 짐짓 시의 내용이 너무 대담해서 감히 보여 줄 수가 없다는 듯이 말하며 이 신작에 대한 호기심을 불러일으켰다. 그는 심지어 예카테리나 대제에게 보낸 편지에서도 이 장난스러운 유혹을 이어갔다. 그는 여제가 이 신작에 등장한다고 말하면서도 그녀가 시를 보내달라고 요청하기 전에는 보내지 않겠노라고 말했고, 여제는 물론 시를 요청했다. 그녀 또한 볼테르만큼이나 공중의 관심을 얻고 싶어 했기 때문이다.

볼테르는 달랑베르에게 약속한 지 몇 달이 지난 1771년 3월 2일에 결국 이 시의 수기본을 보내면서, 시의 사본이 만들어지지 않게 조심하라고 부탁했다. "나는 이 작품이 여기저기 돌아다닐 생각만 해도 몸이 떨린다네." 예상대로 즉시 파리에서 여러 장의 수기 사본이 유통되어서 3월 11일에는 어느 신문에서 언급되고 4월 1일에는 리에주Liège에서 발행되는 『백과전서 신문』Journal encyclopédique ou universel에 인쇄되었다(그 후로는 각종 볼테르 선집들에 포함되었다). 같은 시기 덴마크에서는 국왕이 즉시 볼테르의 시를 인쇄하라고 명령했다. 시는 코펜하겐에서 먼저 프랑스어로, 그러고는 덴마크어 번역으로 출간됐다. 이것은 덴마크 왕에게도 유용한 홍보 수단이었던 것이다. 『덴마크 왕에게 보내는 편지』의 출판은 최소한의 노력으로도 최대한의 홍보 효과를 거둔 좋은 본보기인데, 이 전략이 성공을 거둘 수 있었던 것은 단연 볼테르의 인기 덕택이었다.

인기인 문화

현대 인기인 문화의 뿌리는 18세기에 있다. 문화학자 레오 브로디Leo Braudy의 표현을 빌리자면, 그 시대는 "공개적인 자기정의self-definition라는 문제에 사로잡힌 시대"였다. 작가를 포함한 특정 개개인이 동류 집단 내에서 명성이 높아질 수는 있었으나, 그것은 인기인이 되는 것과는 달랐다. 인기인이 된다는 것은 하버마스가 정의한 공론장의 영역보다 훨씬 더 광범위하고 무차별적인 데서까지 유명해진다는 것을 뜻했다. 격언작가 샹포르Sébastien Nicolas de Chamfort의 말을 빌리자면, "유명세란 당신을 알지 못하는 사람들에게 알려지는 것으로부터 나오는 장점이다." 인기인 문화는 파리나 런던 같은 주요 도시들의 경제적 조건이 소비자 대중을 창출하는 한편 사회적으로 사생활과 친밀함이 새롭게 강조되던 시기에 대두했다. 유명한 사람들의 사생활에 매료되고 적어도 그들과 친밀한 척이라도 할 수 있기를 간절히 바라는 공중이 갑자기 등장한 것이다.

볼테르는 한 사람의 유명한 작가에서 인기인 작가, 어쩌면 앙투안 릴티가 최근 저서에서 말한 것처럼 유럽 문화 최초의 인기인 작가로 바뀌는 결정적 이행과정을 잘 수행했다. 페르네의 군주는 스타가 되었고, 사람들은 온갖 핑계로 그에게 편지를 보냈다. 그들은 혹 볼테르에게 답장을 받기라도 하면 위대한 인물이 직접 쓴 글 쪼가리라도 한 편 갖게 되었다는 사실에 기뻐했다. 요즘 말로 하면 사인 수집가들autograph hunters인 셈이다. 제네바의 화가 장 위베르Jean Huber는 〈볼테르의 기상〉Le Lever de Voltaire(1772)이라는 그림에서 볼테르가 비서에게 받아 쓸 말을 불러 주면서 바지를 입는 모습을 그렸는데, 이 그림은 프랑스와 그 바깥에서 널리 판매된 판화들의 밑바탕이 되었다. 자고로 위대한 작가는 (아마도 펜을 들고) 생각에 잠긴 자세로 묘사되는 것이 일반적이었겠지만, 이제 새로운 공중은 볼테르가 바지를 (거의) 벗고 있는 모습, 위대한 인물이 침실이라는 (가장된) 친밀한 공간에 있는 모습을 보고 싶어 했다. 볼테르는 이 그림을 승인하지 않는 척했다. 그러나 위베르가 그림을 그릴 때 볼테르가 그것을 적어도 묵인했다는 점은 분명하다. 볼테르의 수완에도 불구하고 유명세는 관리하기 까다로운 것이라서, 그림은 값싼 인쇄물로 유통되면서 그의 통제를 벗어났다. 어떤 경우에는 그림 아래에 그를 칭송하는 운문이 적혔지만, 다른 경우에는 같은 그림 아래에 볼테르를 비판하는 운문이 새겨졌다. 그러나 이것이 그의 유명세 자체를 훼손하지는 않았으며, 그는 언제나 공중의 시선을 받아야 할 필요를 느꼈다.

인기인 작가라면 굳이 책이 아니더라도 유명해질 일이 많았다. 그(드물게 '그녀') 자신이 유명하다는 사실로도 유명해질 수 있었다. 홍보의 기제가 작동하는 한 예로 1769년에 계몽사상가 그림

이 펴내던 신문인 『문학 서한』*Correspondance littéraire, philosophique et critique*에 실린 어느 기사를 들 수 있다. 기사는 예카테리나 대제가 러시아 관리 두 명을 페르네 성으로 파견해 볼테르에게 선물을 전달했다고 보도했다. 선물은 여제 자신이 직접 제작했고 그녀의 초상화가 담긴 상아 상자, 화려한 모피, 그리고 법 앞의 평등과 고문의 거부를 선언하며 계몽사상의 법률적 원칙들을 선포한 『나카즈』*Наказ: Nakaz*를 포함한 자신의 저작 모음이었다. 기사에 따르면 "황실의 사절단은 페르네의 군주를 10년은 더 젊게 만들었다고 전해진다." 이것은 계몽사상의 멋들어진 교훈담이며, 볼테르에게나 예카테리나에게나 정치적으로 도움이 되는 것이었다. 그런데 그림은 이 정보를 어디서 얻었을까? 러시아 관리 두 명이 그에게 알려줬을 수도 있지만, 이 가정은 그럴듯하지 않다. 볼테르는 그림과 정기적으로 서신을 교환했고 그림의 신문이 볼테르의 편지 중 일부를 정기적으로 게재했던 만큼, 볼테르를 돋보이게 만든 이 이야기를 그림에게 제보한 것은 볼테르 자신이었을 가능성이 가장 크다.

18세기 사상가들 중 가장 매체에 통달한 사람은 분명히 볼테르였다. 인기인으로서의 그의 입지는 그의 책과 그의 주장이 전례 없이 광범위한 독자에게 도달했음을 뜻한다. 어떤 이들은 볼테르의 사상이 발전하지 않았으며 심지어 그가 후기 작품에서 초기의 사상을 반복한다고 비판하기도 했다. 이것은 사실이며, 이를 가장 먼저 시인한 것은 볼테르 자신이었다. "나는 이미 다른 곳에서 한 말을 지금 되풀이해 쓸 것이며, 이것은 프랑스인들이 이해하게 되는 날까지 계속 반복해야 한다……" 그러나 사상가로서 볼테르가 갖는 중요성을 평가할 때, 어쩌면 우리는 그의 독자층이 얼마나 광범위하고 수가 많았는지에 더 큰 관심을 기울이고, 그가 인기인이었기 때문에 그의 주장이 계속해서 더 많은 사람들에게 전해졌다는 사실을 기억해야 할 것이다. 볼테르의 중요성을 재는 척도로, 우리는 그의 사상이 내용 면에서 얼마나 독창적이고 중요했는지뿐만 아니라 그에게 영향을 받은 사람이 얼마나 많았는지도 고려해야 한다.

볼테르는 언제나 연기자였고, 마지막까지 공연을 멈추지 않았다. 1778년, 84세의 볼테르는 28년 만에 파리로 돌아왔다. 그는 점점 쇠약해졌고, 수도에서 5월 30일 사망했다. 죽기 몇 달 전, 자신의 마지막 비극인 『이렌』*Irène* 상연을 관람하러 갔을 때 그는 코메디 프랑세즈로부터 명예로운 대접을 받았다. 공연이 끝나자 볼테르의 흉상이 무대 위에 세워졌고, 배우인 베스트리스 부인Françoise-Rose Gourgaud, dit Madame Vestris은 생-마르크Jean-Paul-André Razins de Saint-Marc 가 이 순간을 위해 특별히 쓴 시를 낭송했다. 그런 다음 연기자들은 한 명씩 돌아가며 흉상에 헌화했다. 여러 기록의 일치하는 증언에 따르면 극장은 열광의 도가니였으며, 볼테르가 귀가하면서 이 흥분은 길거리로 쏟아져 나왔다. 인기배우 플뢰리Joseph-Abraham Bénard, dit Fleury가 훗날 회상한(또는 다시 상상한) 바에 따르면,

그의 마차가 바크 가를 돌 때, 소매를 걷어붙인 노동자들이 그 행렬을 보기 위해 작업장에서 단체로 나왔다. 솔직하게 말하건대 그들은 볼테르가 작가로서 어떤 지위에 있는 사람인지 완전히 이해하지 못하는 것처럼 보였다. 그들의 마음속에서 볼테르는 철학자, 즉 사제들의 적이었다. (……) 그들은 그를 향해 달려갔다. 그의 마차로 몰려가, 자신들의 모자를 하늘로 던지며 외쳤다. "칼라스의 수호자여 영원하라! 시르방의 수호자여 영원하라!" (……) 광신과 불관용은 비밀의 그늘 속에서만 감히 고개를 들었고, 어쩌면 프랑스 역사상 최초로, 우리는 여론이 완전히 제자리를 찾아가는 것을 목격했다.

레오 브로디의 말을 빌면, "볼테르는 유서 깊은 가문의 귀족처럼 살면서, 언제나 군중 속에 있고, 무대 위에서나 아래에서나 자신이 직접 고안한 연극 속에 자기 주변인들을 배우로 투입하며 살기로 선택했으며, 이렇게 함으로써 그는 [명성을] 표현했다." 그는 언제나 직감적인 연기자였으므로, 극장은 그의 고별 공연 장소로 잘 어울렸다. 이 사건들은 신문에 널리 보도됐다. 화가 모로는 그 장면을 그림으로 그렸고, 그것은 판화로 바뀌어 광범위하게 유통되었다. 코메디프랑세즈에서 거행된 볼테르의 대관식은 공적인 사건이 된 것이다.

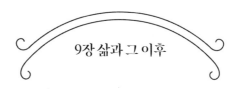

9장 삶과 그 이후

볼테르 전기가 멈출 수 없는 유행처럼 쏟아져 나오지만, 그의 삶을 만족스러운 방식으로 서술하는 것은 결코 쉬운 일이 아니다. 우리는 그에 대해 너무 많이 알며, 동시에 너무 적게 안다. 너무 많이 안다는 것은, 그가 남긴 글이 감당하기 힘들 만큼 많기 때문에 (옥스퍼드판 전집은 200권에 이른다), 세부사항에 매몰되지 않으면서 전체적인 관점에서 이 작가를 조망하기가 어렵다는 뜻이다. 너무 적게 안다는 것은, 증거 중 너무 많은 것들이 그대로 신뢰하기에 문제가 있다는 뜻이다. 전기작가라면 누구나 볼테르 자신의 말, 특히 양도 많고 매력적인 그의 편지들에 의존할 수밖에 없다. 그렇지만 우리는 볼테르가 볼테르를 창조하는 데 많은 노력을 기울였다는 사실을 잘 알기 때문에 그의 말을 곧이곧대로 믿지 않고 다른 문헌자료, 묘사, 일화, 그림 따위를 찾는다. 그리고 더 많은 자료를 살펴볼수록 그 자료들마저 오염되어 있다는 사실을 깨닫게 된다. 우리가 볼테르를 묘사하기 위해 활용하는 일화들이, 알고 보면 애초에 볼테르가 통용되는 자신의 이미지를 모양 짓고 통제하는 과정에서 그 자신이 심어 놓은 경우가 워낙 많기 때문이다. 그는 후대가 그를 평가하게 될 방식을 예견하고 준비하는 데 능숙해졌고, 자기 삶의 자료들에 대한 그의 창조적 기여야말로 그의 삶의 이야기가 되었다. 프랑수아마리 아루에의 전기는 과연 어떤 모습일까? 아무도 아루에의 전기를 쓰려고 하지 않았다는 점이 흥미롭다. 그 대신에 우리는 아루에가 창조한 작가에 대해 이야기하며, 지금까지 이 책은 그 창조의 이야기를 들려주었다. 사실 볼테르는 하나의 창조가 아니라 일련의 창조와 재창조였으며, "볼테르"가 자신을 상황의 필요에 따라 개작하는 데 이용한 일련의 작가로서의 자세 및 입장이었다. 19세기 프랑스 비평가 페르디낭 브뤼네티에르Ferdinand Brunetière가 "어쩌면 볼테르의 걸작은 바로 그의 삶이었다"라고 말했을 때, 그는 본인이 아는 것 이상으로 진실에 가깝게 말한 것이다.

프랑스혁명

또 하나의 장애물은 그의 명성이 그의 삶에 드리운 긴 그림자다. 사후세계를 믿지 않았던 작가치고 지상에서 그의 사후에 펼쳐진 삶은 극적으로 풍요로우면서도 모순적이었다. 지성사가들은 어느 정도까지 볼테르와 동료 철학자들이 프랑스혁명의 토대를 닦은 것인지를 놓고 다양하게 추측한다. 비평가 귀스타브 랑송Gustave Lanson은 심지어 『영국인에 관한 편지』가 "구체제에 던져진 첫 번째 폭탄"이라고까지 말했다. 그러나 우리는 질문을 뒤집어 볼 수도 있다. 1789년의 혁명이 어느 정도까지 (후기) 계몽사상을 단절·탈선시켰는가? 볼테르는 때로 편지에서 도래할 "혁명"révolution에 대해 긍정적인 기대를 담아 언급했는데, 이는 결코 대문자 R로 시작하는 혁명Révolution이 아니었다. 그가 생각하는 혁명은 인간이 마침내 기성종교(들)의 손아귀에서 벗어나 편견과 미신의 굴레를 던지고 스스로 생각할 줄 아는 날이 오면 일어나게 될 사상의 "혁명"이었다.

프랑스혁명은 볼테르에 대한 대중적 이미지를 근본적으로 바꿨다. 제헌의회는 파리 라탱 지구에 새로 지은 신고전주의 양식의 교회 건물을 위인들(최초의 '위대한 여성'은 1995년에 안장된 마리 퀴리 Marie Curie였다)을 모시는 묘인 팡테옹Panthéon으로 바꾸기로 결정했다. 볼테르는 그 영예를 받은 최초의 작가였다(루소는 2년 뒤에 안장되었다). 1791년 7월, 볼테르의 시신은 (이미 제거된 뇌와 심장을 제외한 채) 혁명 기간 최대 규모의 대중 행사 중 하나로 기억되는 긴 행렬을 따라 팡테옹으로 이장되었다. 영구차는 먼저 바스티유 광장에 들렀고, 군중이 보는 앞에서 볼테르의 관이 바스티유 감옥의 잔해로 쌓은 대단히 상징적인 돌무더기 위에 올려졌다. 다음 날 비가 그친 뒤 행렬은 파리를 가로질러 팡테옹으로 나아갔으며, 여기에는 군인들, 배우들, 학생들, 바스티유 감옥의 모형, 볼테르 조각상, 심지어 당시 출판된 70권짜리 전집도 포함됐다. 이것은 종교 행렬의 세속적 판본이었으며, 심지어 행렬의 휴식 지점들은 십자가의 길을 모방한 듯 닮았다. 관에는 볼테르를 대혁명의 영웅으로 받드는 문구가 새겨졌다. "그는 칼라스, 라 바르, 시르방, 몽바이이를 위해 복수했다. 시인이자 철학자이자 역사가로서, 그는 인간의 정신을 고양시켰고 우리를 자유로워질 수 있도록 준비시켰다."

볼테르가 군주제 지지자였고 언제나 권력자들과 잘 지내기 위해 노력한 부르주아였으며 프리드리히 대왕이나 예카테리나 대제의 뜻에 도덕적 힘을 실어 주기 위해 자신의 서신을 활용한 적도 여러 번 있었다는 사실을 무시하고, 무엇보다도 일생 동안 해로운 광신적 열정의 과잉을 조롱하는 전투를 벌였던 볼테르가 의문의 여지없이 즉각 혁명가들을 내쳤을 것이라는 사실도 무시하고, 사람들은 그를 프랑스대혁명의 상징적 인물로 만들었다. 이는 어떤 면에서는 그의 유명세가 초래한 것이기도 한데, 이 이미지는 그 후 두 세기 동안 그에게 들러붙어 있었다. 19세기 프랑스는 여러 차례 정치적 격변을 겪었으며 공화주의자들과 왕정주의자들 사이의 긴장은 계속되었다. 이 시기에 새로이 "좌파"와 "우파"로 정치세력들이 구분되었는데, 가톨릭교회를 옹호하는 것이 자연스럽게 우파의 강령에 포함되면서 볼테르의 이름은 필연적으로 좌파와 결부되었다. 국가나 교회가 비난의 포화를 받을 때면 항상 볼테르의 이름이 전면에 등장했다. 1890년대에 터진 드레퓌스*Alfred Dreyfus* 사건은 드레퓌스라는 유대인 장교가 부당하게 반역죄로 유죄판결을 받자 온 국민이 드레퓌스파와 반드레퓌스파로 갈라진 사건인데, 많은 사람들은 드레퓌스 구명 운동을 1760년대에 칼라스를 지지하던 운동과 비교했다.

　어떤 사람들은 볼테르를 정치적 영웅으로, 어떻게 한 작가가 공공의 이해관계가 걸린 문제에 대해 자신의 입장을 표명할 수 있는지를 보여 준 모범으로 간주했다. 사형제 폐지를 지지한 빅토르 위고*Victor Hugo*와 언론에서 (「나는 고발한다」*J'accuse*라는 유명한 기고문에

서부터) 드레퓌스를 변호한 에밀 졸라Émile Zola는 자신들이 볼테르의 뒤를 잇는다고 생각했다.

19세기의 몇몇 작가들은 볼테르가 반어법의 달인이었다는 사실을 잊은 채, 그를 무미건조하고 시적 영혼을 결여한 합리주의자로 묘사했다. 볼테르가 스스로 "나는 얕기 때문에 맑은 저 작은 개울물과 같다"라고 말했던 것도 이런 악평에 일조했다. 시인 보들레르는 볼테르가 지루한 부르주아지의 전형이라고 혹평했다. 그는 『벗은 내 마음』Mon cœur mis à nu이라는 시집에서 볼테르를 "반反시인"이자 "천박함의 왕자"로, 나아가 "문지기들을 위한 설교자"로 깎아내렸다. 프랑스 비평가 에밀 파게Émile Faguet는 볼테르의 사유가 "명확한 관념들로 이루어진 혼돈"이라는 유명한 말을 남겼고, 철학자 빅토르 쿠쟁Victor Cousin은 볼테르의 "보편적이고 피상적인 상식"을 신랄하게 비판했다. 볼테르를 문장가로서 숭상한 소설가 플로베르Gustave Flaubert는 그에 못지않게 복잡한 반어법을 사용했다. 그의 소설 『보바리 부인』Madame Bovary에서 자기만족에 차 있고 편협한 사고방식에 젖어 있는 약사 오메Homais는 스스로 "볼테르주의자"를 자처하며, 그의 풍자적인 『통상관념사전』Dictionnaire des idées reçues은 볼테르의 "얄팍한 지식"을 습관적으로 뽐내는 부르주아를 조롱한다. 니체는 19세기에 홀로 외로이 볼테르를 최후의 자유영혼으로 칭송했다.

볼테르에게 독설을 내뿜었던 사람들도 있다. 19세기 가톨릭교회에 볼테르는 증오의 대상이었다. 18세기에 이미 그는 적그리스도Antichrist로 묘사됐는데, 이런 표현은 19세기에 더 자주 발견된다. 1869년 9월 22일, 위대한 만화가 오노레 도미에Honoré-Victorin Daumier의 석판화가 『샤리바리』Le Charivari에 게재되었는데, 이 그림은 볼테르와 교회(일부)의 적대관계를 응축해서 보여 준다. 그림 오른

Je voulais la lui jeter et c'est moi qui me suis sali.

그림 9. "나는 그에게 잉크를 던지고 싶었으나, 더러워진 것은 바로 나였다."
1869년 9월 22일자 『샤리바리』에 실린 오노레 도미에의 만화

편에는 앉아 있는 볼테르 조각상(우동Jean Antoine Houdon의 조각상 같은)
이, 그림 왼편의, 자신의 손에서 잉크를 뚝뚝 떨어뜨리며 분노하
는 한 예수회 사제를 바라보며 웃고 있다. 그림 아래에는 예수회
사제의 목소리로 "나는 그에게 잉크를 던지고 싶었으나, 더러워
진 것은 바로 나였다"라는 설명이 달려 있다(그림 9). 도미에는 반
교권주의자이자 전투적인 공화주의자였다. 1762년 프랑스에서
추방당했던 예수회는 1865년에 복귀했으며, 이런 상황에서 볼

테르는 자연스레 교회에 맞서는 세력을 대표하는 인물이 되었다.

현대의 반응

독실한 기독교인들은 볼테르를 비방하는 책을 많이 썼다. 그중 어떤 것들은 아직까지 전해오는 거짓 신화를 낳았는데, 그 예로 볼테르가 노예무역을 통해 돈을 벌었다는 이야기를 들 수 있다. 그가 인종에 관해 현대적인 의미에서 "계몽되었다"고 보기 힘든 견해를 가진 것은 사실이다. 인류 전체가 아담과 이브로부터 기원한다고 보는 기독교의 일원발생설에 맞서, 볼테르는 (흄과 마찬가지로) 인간의 여러 종은 서로 다른 기원들로부터 유래했다고 보는 다원발생설을 지지했다. 다원발생설이 노예제를 옹호하고 어떤 인종은 다른 인종보다 "열등하다"는 입장을 지지하는 경우가 종종 있었지만, 논리적으로나 현실적으로나 꼭 그런 것만은 아니었다. 볼테르가 노예를 포함한 각종 재화를 거래한 프랑스 동인도회사에 투자한 것은 사실이지만, 20세기의 진지한 학자들은 볼테르가 노예무역에 투자해서 부자가 되었다고 단언해 버림으로써 더 멀리 나아갔다. 알고 보면 이 이야기는 1870년대에 나온 어느 책에 인용된 볼테르의 편지에 토대를 두고 있는데, 그 편지에서 그가 노예무역으로 챙긴 이익에 흡족해했다는 것이다. 그런데 그 책은 전투적인 가톨릭의 입장에서 쓰인 볼테르 비방서로, 인용된 편지는 완전히 날조된 것이었다. 볼테르가 노예제 비판에 앞장선 것은 아니었지만(노예제 폐지 운동은 그의 사후인 1780년대에야 탄력이 붙었다), 일부러 노예무역에서 이익을 챙긴 것도 아니었다.

볼테르가 반유대주의를 표방했다는 주장도 자주 되풀이되는

데, 이것은 반박하기가 더 복잡하다. 볼테르는 동시대의 편견을 많이 공유했고, (유대인, 여성, 동성애자 등에 대해) 현대 자유주의자를 불편하게 만들 만한 말을 많이 했다. 그러나 중요한 사실은 그가 유대인의 역사에 특히 관심이 많았으며, 그 이유가 바로 안일한 기독교인들에게 세계사를 구약에 나오는 유대인의 역사로 환원할 수도, 환원해서도 안 된다고 일깨워 주기 위해서였다는 점이다. 그리고 볼테르는 유대인을 포함해 누구라도 종교적인 박해를 받는 사람들을 변호하는 데 주저함이 없었다. 또한 그는 정치인들이 권력을 위해 대중의 종교적 맹신을 냉소적으로 이용하는 것을 극도로 혐오(이것은 너무 강한 단어가 아니다)했다. 이 주제들은 오늘날에도 무척이나 유효하며, 나치의 유대인학살 이후에 '반유대주의'라는 단어가 갖게 된 의미를 볼테르에게 적용하는 것은 부적절하다. 그를 반유대주의자로 몰아간 사람들은 공공연하게든 은밀하게든 종종 앙리 라브루*Henri Labroue*가 쓴 친나치주의 저서에 의존한다. 라브루의 책은 인터넷에서 구할 수 있는데, 온라인 판본들은 그 책이 1942년, 독일 점령하에 있던 프랑스에서 출간됐다는 사실을 말하지 않는다. 파리가 해방된 뒤, 1944년 8월에 프랑스의 시인 장 타르디외*Jean Tardieu*는 『캉디드』를 라디오극으로 각색해서 같은 해 12월에 처음으로 방송했다. 어느 쪽이든 모두 볼테르의 이름을 활용하려고 한 것이다.

정치적인 상황과 무관하게, 볼테르를 읽는 독자는 언제나 있었다. 이것은 그가 매우 많은 문학적 형식들에 걸쳐 다작한 결과로서, 어느 시대에나, 어떤 취향에도, 볼테르의 작품 중 일부가 맞아떨어질 수 있는 것이다. 볼테르가 경건하지 못한 작가라는 평판을 불편하게 여긴 19세기의 많은 독자들도 여전히 그의 서사시 『앙리아드』를 읽었고 그의 비극을 보러 극장에 갔다. 그가 쓴 루이 14세 치세의 역사는 가장 열렬한 군주제 지지자들조차 좋아할 만한 것이었고 19세기 내내 꾸준히 재출간을 거듭하며 고전의 반열에 올라섰다. 프로이센의 침공에 이어 제2제정이 붕괴하면서 수립된 제3공화정의 시대가 열리면서 볼테르적 가치들은 본격적으로 전면으로 부상했다.

젊은 공화국은 광범위한 교육개혁을 단행했고, 볼테르의 이름은 1890년대부터 대학의 강의안에 등장했다. 세속국가의 원칙을 법에 새긴 1905년의 공식적 정교분리는 완전히 볼테르적인 몸짓이었다. 당대 최고의 비평가 랑송이 현대에 최초로 『철학편지』를 편찬해낸 것도 이때였으며, 이는 독일과의 전쟁이 점차 현실적인 미래로 다가오면서 영국과 프랑스가 평화협정entente cordiale, 앙탕트 코르디알을 맺은 시기와 대략적으로 일치한다. 18세기 이후 잊힌 작품이던 『편지』는 갑자기 영국과 프랑스 양국의 학교와 대학의 강의안에 등장했고, 그 후 널리 읽히고 연구되었다. 1차대전 즈음에는 볼테르의 『루이 14세의 세기』가 에르네스트 라비스 같은 "현대" 역사가들의 작업에 의해 대체되었다. 20세기 들어 역사가로서의 볼테르는 구닥다리가 되고 그의 시와 연극또한 무시당한 것이다. 그 대신 소설가로서의 볼테르가 큰 존재감을 얻게 되었고 오늘날 그의 철학적 이야기들은 끝없이 재출간·재번역된다. 이 사실을 볼테르가 알았더라면 그조차도 얼떨떨한 기분이었을 것이 틀림없다.

볼테르의 유산이 지닌 힘은 프랑스 너머 멀리에서도 느껴지며, 서양 문화를 정의하는 하나의 조류가 되었다. 젊은 시절의 레너드 울프Leonard Woolf는 1차대전 발발 전, 케임브리지를 갓 졸업하고 영국령 실론스리랑카에 파견될 때 70권짜리 볼테르 전집을 가져갔다(참고 7). 지식인들은 계몽사상의 가치를 움켜쥐고자 할 때마다 볼테르를 향했다. 유럽이 일촉즉발의 전쟁 위기에 처해 있던 1930년대 후반, 시인 오든Wystan Hugh Auden은 페르네의 군주를 박해와 무지에 맞서 싸운 작가의 상징으로서 원용했다. 1939년 2월에 쓴 시 「페르네의 볼테르」Voltaire at Ferney에서 그는 볼테르를, 유럽을 내려다보며 펜을 방패삼아 닥쳐올 끔찍한 일들에 맞선 작가로 묘사했다. "그랬다. 마치 파수꾼처럼, 그는 잠들 수 없었다. 밤은 부정으로 가득 차 있었다 (……)" 훗날 베트남 전쟁기에 샤를 드골Charles de Gaulle은 왜 사르트르Jean-Paul Sartre를 체포하지 않느냐는 질문에 "볼테르를 체포할 수는 없지 않겠나"라고 대답했다. 현대의 많은 사회풍자가들은 볼테르에게서 직업적 기술을 배웠다. 신랄하고 어두운 해학을 담은 영화 〈닥터 스트레인지러브〉Dr. Strangelove or: How I Learned to Stop Worrying and Love the Bomb(1964)에는 볼테르적 목소리가 뚜렷하게 각인되어 있는데, 이는 그 영화의 대본작가들 중 하나인 테리 서던*Terry Southern*이, 『캉디드』의 도발적 각색소설이며 나중에 영화로도 제작된, 『캔디』*Candy*(1958, 영화 1968)의 공저자 중

한 명이었으므로 놀라운 일이 아니다.

볼테르의 유산은 단지 일군의 사상이나 몇 권의 위대한 책(이것들도 물론 중요하지만)에 그치지 않는다. 이것들을 넘어 볼테르는 우리에게 하나의 목소리, 자신의 중요성을 확신하는 권력당국의 정체를 회의주의와 반어법을 이용해 폭로하는 하나의 도구를 남겨주었고, 이 도구는 그 힘을 조금도 상실하지 않았다. 우디 앨런 Woody Allen이 영화 〈사랑과 죽음〉Love and Death(1975)에서 "혹여 신이 존재하는 것으로 밝혀진다면, 나는 신이 악하다고는 하지 않겠네. 신에 대해 할 수 있는 가장 가혹한 말은 그가 부진아underachiever라는 것이겠지"라고 말할 때, 우리는 여기서 크고 분명하게 볼테르의 목소리를 들을 수 있다. 또는 신에 관한 볼테르의 유명한 문구를 약간 바꿔 보자면, 만일 볼테르가 존재하지 않았다면 우리는 그를 만들어 냈어야 했을 것이다.

오늘날 종교적 관용과 언론의 자유에 관한 논쟁에서 우리가 볼테르에게 빚을 지고 있음은 너무나 명백하다. 언론은 일주일이 멀다 하고 "나는 당신의 말에 동의하지 않지만, 당신이 그 말을 할 권리를 지키기 위해 목숨을 걸겠다"라는 볼테르의 말을 인용한다. 언론의 자유를 외치는 이 구호가 워낙 강력하여, 볼테르가 실제로 그런 말을 한 번도 한 적이 없다는 사실을 지적하는 것이 너무 현학적인 태도로 느껴질 정도다. 사실 위 표현은 1906년에 영국 여류작가로서 볼테르의 전기를 쓴 에벌린 홀Evelyn Beatrice Hall이 만들어 낸 것이다. 그러나 그런 것이 무슨 상관이랴. 위 문구는 진정으로 볼테르적인 진실을 담고 있으며 우리 문화의 핵심에 기입된 것이기 때문에, 우리는 그것을 받아들이고 볼테르가 그 말을 했음이 틀림없다고 결정한 것이다. 인터넷에서 최근에 널리 회자된 또 다른 격언은 "당신을 지배하는 것이 누구인지 알고 싶다면, 당신의

그림 10. 2015년 1월 10일, 테러 공격 발생 후 파리의 볼테르
대로Boulevard Voltaire에서 촬영한 사진

비판이 허용되지 않는 이가 누구인지 보라"는 것이다. 이 또한 볼
테르의 말이라고 꾸준히 언급되지만, 이 격언은 사실 미국의 신나
치주의자이며 유대인 대학살의 존재를 부정하는 케빈 스트롬Kevin
Alfred Strom이 1993년에 쓴 글에서 나왔다. 볼테르의 이름은 여전
히 권위의 원천이며, 이는 자유주의자들 사이에서만 그러한 것이
아니다.

　　파리에서 발생한 샤를리 에브도Charlie Hebdo 총격사건(2015년 1
월 7일) 이후 "내가 샤를리다"Je suis Charlie라는 구호가 언론에 광범
위하게 노출되었을 때, 볼테르가 "내가 샤를리다"라고 말하는 모
습의 벽보가 파리 시가에 부착되었다(그림 10). 많은 사람들이 이

그림 11. "볼테르라니, 누구지?" 『르몽드』,
2015년 1월 12일, 플랑튀의 만화

총격사건의 피해자들을 지지하고 공화국의 세속적 가치들에 대한
공격에 분노하는 시위에 참가했다. 그들은 '볼테르' 대로를 따라
'바스티유' 광장으로(프랑스의 공화주의 역사에서 가장 상징적인 두 이름)
행진했다. 다음 날, 『르몽드』Le Monde는 유명한 만화가 플랑튀Jean
Plantureux, dit Plantu가 이 행진을 그린 만화를 1면에 게재했다. 만화
에서 시위자들은 연필을 들고 볼테르 대로를 행진하고, 그림 상단
부에서 지옥불에 삶겨지고 있는 무슬림 3명이 그들을 내려다 보며
묻는다. "볼테르라니, 누구지?"(그림 11).

볼테르의 이름은 그의 저술을 초월하는 일단의 가치들, 즉 편
견과 미신에 대한 혐오, 이성과 관용에 대한 믿음, 그리고 언론의
자유와 동의어다. 그는 예컨대 조지 버나드 쇼처럼 이 가치들을 자
기 시대의 투쟁에 맞춰 적용한 다른 위대한 작가들의 귀감이 되었
다(참고 8). 이것은 강력하면서도 특정 시공간에 한정되지 않은 유

산이다. 우리는 진정한 계몽사상의 정신으로 계속해서 볼테르와 대화를 이어나가며, 그렇게 함으로써 그의 유산을 영원히 후대에 전한다.

작가 연보

1694	프랑수아-마리 아루에, 파리에서 태어나다.
1704~11	파리에서 가장 유명한 예수회 콜레주 루이르그랑에서 수학하다.
1713	헤이그로 생애 첫 해외여행을 떠나다.
1716	섭정에 대한 풍자로 파리에서 추방당하다.
1718	"볼테르"라는 이름을 쓰기 시작하다. 비극 『오이디푸스』가 코메디프랑세즈에서 성공적으로 상연되다.
1723	프랑스 정부가 『신성동맹』(훗날 『앙리아드』로 제목 변경)의 출판을 불허하다.
1726~28	런던에 살면서 영어를 배우고 영국 작가들을 만나다.
1728	캐롤라인 여왕에게 헌정하는 『앙리아드』를 프랑스와 런던에서 출판하다.
1733	『영국인에 관한 편지』를 런던에서 출판하다.
1734	『영국인에 관한 편지』의 프랑스어 판본인 『철학 편지』가 루앙에서 출판되고, 곧이어 검열에 걸리다.
1734~49	연인 에밀리 뒤 샤틀레와 (샹파뉴의) 시레성에 머물며 열정적인 집필과 과학적 활동의 시기를 공유하다.
1736	사치에 관한 시, 『사교계인』을 출판하다.
1743	영국 왕립학회의 회원으로 선출되다.
1745	짧지만 화려한 궁정생활을 보내다. 루이 15세에 의해 프랑스의 궁정사관으로 임명되다. 리브레토 2편, 『나바르의 공주』

와 『영광의 신전』을 쓰고, 라모가 곡을 입히다.

1746	프랑스 한림원에 선출되다. 그의 조카 마리-루이즈 드니와 연인이 되다.
1749	에밀리 뒤 샤틀레 사망. 시레 성을 떠나 파리로 돌아오다.
1750~53	베를린과 포츠담의 프리드리히 대왕 궁정에서 머물다.
1751	베를린에서 『루이 14세의 세기』를 출판하다.
1753	프리드리히 대왕과 논쟁 끝에 프로이센 궁정을 떠나다.
1755~59	제네바의 "환희"라고 불린 집(현재 볼테르 박물관)에서 살다.
1755	리스본 지진 소식이 11월 말에 전해지다.
1756	『리스본의 재앙에 관한 시』와 선구적인 세계사 『습속론』의 공식적 초판을 출판하다.
1759	『캉디드』가 제네바에서 출판되다. 유럽 전역에 열여섯 개의 다른 판본이 출판되다.
1759~78	제네바와 인접한 프랑스의 페르네 성에 살다. 유럽 전역에 "페르네의 군주"로 유명해지다.
1760	종교적 관용에 대한 그의 운동을 전형적으로 보여 주는 "파렴치를 박살내라!"Écrasez l'Infâme!라는 유명한 문구를 처음으로 사용하다.
1762	방대한 양의 볼테르의 글들이 스몰렛과 프랭클린에 의해서 영어로 번역되어 출판되다. 아들 살인 혐의로 부당하게 사형을 선고받은 개신교도 장 칼라스의 복권 운동을 벌이기 시작하다.
1763	『관용론』을 출판하다.
1764	『휴대용 철학사전』을 출판하다. 1769년까지 여러 확장판이 출간되다.
1770~72	마지막 사전식 저술인 『백과전서에 대한 질문』을 출판하다.

1778	28년 만에 파리로 돌아오다. 프랑스 한림원의 회의에 참석
	하고, 코메디프랑세즈에서 환호를 받다. 그리고 곧 죽다.
1791	프랑스혁명기의 거대한 기념사업 중 하나로, 시신이 파리
	시내의 행렬을 거쳐 팡테옹에 안치되고 지금까지 이어지다.

참고 문헌

서론

Jorge Luis Borges and Osvaldo Ferrari, *Conversations*, vol. 2 (London: Seagull Books, 2015), 'Voltaire', pp. 220-6 (p. 221).

피에트로 베리: 동생 알레산드로 베리에게 보낸 1769년 1월 3일자 편지. "책이 가질 수 있는 최고의 효과는 사람들로 하여금 생각하게 만드는 것이다.": Voltaire, *Panégyrique de Louis XV*.

1장 연극인

배우 볼테르: R. S. Ridgway, 'Voltaire as an Actor', *Eighteenth-Century Studies*, 1 (1968), pp. 261-76.

디종에 간 르캥: Lauren R. Clay, Stagestruck: *The Business of Theater in Eighteenth-Century France and its Colonies* (Ithaca, NY: Cornell University Press, 2013), p. 153.

로잔에 간 카사노바: Casanova, *Histoire de ma vie*, vol. 6, ch. 9.

"유럽에 문명을 전파하는": Rahul Markovits, *Civiliser l'Europe: politiques du théâtre français au XVIIIᵉ siècle* (Paris: Fayard, 2014).

존 무어: 다음에서 인용: Sir Gavin de Beer and André-Michel Rousseau, *Voltaire's British Visitors* (Oxford: Voltaire Foundation, 1967), pp. 165-66.

케롤라인 레녹스: 1767년 5월 24일자 편지. 다음에서 인용: James T. Boulton and T. O. McLoughlin (eds), *News from Abroad: Letters Written by British Travellers on the Grand Tour, 1728-71* (Liverpool: Liverpool University Press, 2012), p. 258.

2장 에피쿠로스적 시인

Nicholas Cronk, "The Epicurean Spirit: Champagne and the Defence of Poetry in Voltaire's *Le Mondain*", *Studies on Voltaire and the Eighteenth Century*, 371 (1999), pp. 53-80.

Alan Charles Kors, *Epicureans and Atheists in France*, 1650-1729 (Cambridge: Cambridge University Press, 2016).

샤틀레 부인을 위한 소절: 애초에 리처드 윌버의 번역은 *The New York Review of Books* (18 June 1970)에 따로 실렸다. 그것은 약간의 수정을 거쳐 "샤틀레 부인에게"라는 제목으로 *The Mind-Reader* (New York: Harcourt Brace Jovanovich, 1976), pp. 38-39에 수합되었다. 이 책에 인용된 것은 후자이다. 에즈라 파운드의 변용은 *Personae: The Collected Poems of Ezra Pound* (New York: Liveright, 1926), pp. 167-68에 실린 세 종류의 'Impressions of François-Marie Arouet (de Voltaire)' (1915-16) 중 두 번째 작품이다. 윌버는 파운드의 작품을 알고 있었다. 그리고 아마도 두 시인 모두 처음에 Henry Wadsworth Longfellow (ed.), *The Poets and Poetry of Europe* (1871)에 실렸고 훗날 *Uncollected Poems* (1950)에 포함된 제임스 러셀 로웰의 「샤틀레 부인을 위한 소절」번역본을 알고 있었을 것이다.

3장 영국인

배서스트 백작에게 쓴 편지: Nicholas Cronk, 'La Correspondance de Voltaire dans les collections de la New York Public Library', *Revue d'histoire littéraire de la France*, 122 (2012), pp. 653-92 (p. 659).

Nicholas Cronk, 'The Letters Concerning the English Nation as an English Work: Reconsidering the Harcourt Brown Thesis', *Studies on Voltaire and the Eighteenth Century*, 9 (201), pp. 226-39.

István Hont, *Jealousy of Trade: International Competition and the Nation-State in Historical Perspective* (Cambridge, Mass.: Harvard University Press, 2005).

스트레이치: 'Voltaire and England' (1914), in *Books and Characters: French and English* (London: Chatto & Windus, 1922), p. 115.

Sir William Temple, *Observations upon the United Provinces of the Netherlands*, introduction by G. N. Clark (Cambridge: Cambridge University Press, 1932).

Norman L. Torrey, *Voltaire and the English Deists* (New Haven: Yale University Press, 1930).

Matthew Sharpe, 'Cicero, Voltaire, and the Philosophes in the French Enlightenment', in William H. F. Altman (ed.), *Brill's Companion to the Reception of Cicero* (Leiden: Brill, 2015), ch. 13.

4장 과학자

뉴턴에 대한 볼테르의 독해: J. B. Shank, *The Newton Wars and the Beginning of the French Enlightenment* (Chicago: Chicago University Press, 2008).

"이 모든 탐구 영역은 (……)": William Barber: 'Voltaire and National Science: from Apples to Fossils', in M. Delon and C. Seth (eds), *Voltaire en Europe: Hommage à Christiane Mervaud* (Oxford: Voltaire Foundation, 2000), pp. 243-54 (p. 250).

"그는 똑바로 의심하는 법을 알았다.": *Éléments de la philosophie de Newton*, part I, ch. 6.

5장 궁정인

리브레토 오페라는 추천 문헌의 '음반' 항목을 참조하라.

6장 제네바인

트위터에서의 캉디드: Alexander Aciman and Emmett Rensin, *Twitterature: The World's Greatest Books Retold through Twitter* (London: Penguin Books, 2009), pp. 30-31.

7장 운동가

Nicholas Cronk, 'Voltaire and the 1760s: The Rule of the Patriarch', in N. Cronk (ed.), *Voltaire and the 1760s: Essays for John Renwick* (Oxford: Voltaire Foundation, 2008), pp. 9-21.

"볼테르는 드디어 (……) 볼테르주의자가 되었고": Michel Delon, 'Comment Voltaire est devenu voltairien', *Revue des Deux Mondes*, April 2015, pp. 25-32.

Lynn Hunt, *Inventing Human Rights: A History* (New York: Norton, 2007).

"베드로 성인의 후계자와 추기경 회의가 틀렸을 리가 없다.": 『관용론』 11장.

"(⋯⋯) 라고 말할 수 있다는 것을 이해하기란 어려운 일이다.": 『관용론』 6장.
Élisabeth Claverie, 'Procès, affaire, cause: Voltaire et l'innovation critique',
Politix, 26 (1994), pp. 76-85.

8장 인기인

John Robertson, *The Enlightenment: A Very Short Introduction* (Oxford:
Oxford University Press, 2015), p. 13.

Dennis C. Rasmussen, *The Pragmatic Enlightenment: Recovering the
Liberalism of Hume, Smith, Montesquieu, and Voltaire* (Cambridge:
Cambridge University Press, 2014).

Antoine Lilti, *The World of the Salons: Sociability and Worldliness in
Eighteenth-Century Paris* (New York: Oxford University Press, 2015).

"나는 이미 다른 곳에서 한 말을 지금 되풀이해 쓸 것이며": 『백과전서에
대한 질문』 "엉덩이"(Cul) 항목.

"문제에 사로잡힌 시대": Leo Braudy, *The Frenzy of Ronown: Fame and its
History* (New York: Vintage Books, 1997), p. 371. 이 주제에 대해서는 다
음을 추가로 참조: Antoine Lilti, *Figures publiques: l'invention de la cé-
lébrité, 1750-1850* (Paris: Fayard, 2014).

"이렇게 함으로써 그는 [명성을] 표현했다.": Braudy, *The Frenzy of Renown*,
p. 372.

9장 삶과 그 이후

볼테르의 그의 적들: Darrin M. McMahon, *Enemies of the Enlightenment:
The French Counter-Enlightenment and the Making of Modernity* (New

York: Oxford University Press, 2001).

볼테르와 노예무역: Christopher L. Miller, *The French Atlantic Triangle: Literature and Culture of the Slave Trade* (Durham, NC: Duke University Press, 2008), pp. 428-29.

볼테르의 인종관: Andrew S. Curran, *The Anatomy of Blackness: Science and Slavery in an Age of Enlightenment* (Baltimore: Johns Hopkins University Press, 2011), pp. 137-49.

장 타르디외: Candide, 'Adaptation radiophonique du roman de Voltaire', in *Une soirée en Provence, ou le mot et le cri* (Paris: Gallimard, 1975), pp. 161-205.

볼테르의 유산에 대한 버나드 쇼의 말: Dan H. Laurence and Margot Peters (eds), 'Unpublished Shaw', *Shaw: The Annual of Bernard Shaw Studies*, 16 (1996), p. 31.

영문 번역물

Candide and Other Stories, trans. and ed. Roger Pearson (Oxford: Oxford University Press, 1990; new edn, 2006).

Micromegas and Other Stories, trans. Douglas Parmee (Richmond: Alma Classics, 2014) [볼테르, 『미크로메가스, 캉디드 혹은 낙관주의』, 이병애 옮김, 문학동네, 2010].

Candide, Norton Critical Edition, 3rd edn, trans. Robert M. Adams, ed. Nicholas Cronk (New York: Norton, 2016) [Contains essays on Voltaire and Candide].

Candide (Peterborough, Ont.: Broadview, 2009), ed. Eric Palmer; reproduces the translation published by John Nourse in London in 1759, Candide, or All for the Best [볼테르, 『캉디드 혹은 낙관주의』, 이봉지 옮김, 열린책들, 2009].

Letters Concerning the English Nation, ed. Nicholas Cronk (Oxford: Oxford University Press, 1994; rev. edn, 2005) [Critical edition of the translation by John Lockman, published in London (1733) in advance of the French Lettres philosophiques (1734)] [볼테르, 『볼테르, 『철학편지』, 이봉지 옮김, 문학동네, 2019].

A Pocket Philosophical Dictionary, trans. John Fletcher, ed. Nicholas Cronk,

Oxford World's Classics (Oxford: Oxford University Press, 2011) [볼테르, 『불온한 철학사전』, 사이에 옮김, 민음사, 2015].

God and Human Beings, trans. Michael Shreve, ed. S. T. Joshi (Amherst, NY: Prometheus Books, 2010).

Political Writings, trans. David Williams (Cambridge: Cambridge University Press, 1994).

Select Letters of Voltaire, trans. Theodore Besterman (London: Nelson, 1963).

Treatise on Tolerance and Other Texts, trans. Brian Masters and Simon Harvey (Cambridge: Cambridge University Press, 2000).

Treatise on Toleration, trans. Desmond M. Clarke (London: Penguin, 2016) [볼테르, 『관용론』, 송기형·임미경 옮김, 한길사, 2016].

Voltaire's Revolution: Writings from his Campaign to Free Laws from Religion, trans. and ed. G. K. Noyer (Amherst, NY: Prometheus Books, 2015).

The Works of Voltaire (London, 1761-65), 35 volumes, ed. Tobias Smollett and Thomas Francklin; these volumes exist in modern reprints and can be found online.

생애

Haydn Mason, *Voltaire: A Biography* (London: Granada, 1981).

Nancy Mitford, *Voltaire in Love*, introduction by Adam Gopnik (New York: NYRB, 2012).

Roger Pearson, *Voltaire Almighty: A Life in the Pursuit of Freedom* (London: Bloomsbury, 2005).

W. H. Barber, *Leibniz in France from Arnauld to Voltaire: A Study in the French Reactions to Leibnizianism, 1670-1770* (Oxford: Clarendon Press, 1955).

Durand Echeverria, *The Maupeou Revolution: A Study in the History of Libertarianism: France, 1770-1774* (Baton Rouge: Louisiana State University Press, 1985).

Dan Edelstein, *The Enlightenment: A Genealogy* (Chicago: University of Chicago Press, 2010).

Vincenzo Ferrone, *The Enlightenment: History of an Idea* (Princeton: Princeton University Press, 2015).

Norman Hampson, *The Enlightenment* (Harmondsworth: Penguin, 1968).

Paul Hazard, *The Crisis of the European Mind, 1680-1715*, introduction by Antony Grafton (New York: NYRB, 2013) [first published in French, 1935].

Jonathan I. Israel, *Radical Enlightenment: Philosophy and the Making of Modernity, 1650-1750* (Oxford: Oxford University Press, 2001) [chapter 27 situates Voltaire's contribution to the spread of English ideas in France].

Jonathan I. Israel, *Enlightenment Contested: Philosophy, Modernity, and the Emancipation of Man, 1670-1752* (Oxford: Oxford University Press, 2006) [chapter 29 discusses 'Voltaire's Enlightenment'].

Antoine Lilti, *The World of the Salons: Sociability awl Worldliness in Eighteenth-Century Paris* (New York: Oxford University Press, 2015).

Larry F. Norman, *The Shock of the Ancient: Literature and History in Early Modern France* (Chicago: University of Chicago Press, 2011).

Karen O'Brien, *Narratives of Enlightenment: Cosmopolitan History from Voltaire to Gibbon* (Cambridge: Cambridge University Press, 1997).

Anthony Pagden, *The Enlightenment and Why it Still Matters* (Oxford: Oxford University Press, 2013).

John Robertson, *The Enlightenment: A Very Short Introduction* (Oxford: Oxford University Press, 2015).

Daniel Roche, *France in the Enlightenment, trans. Arthur Goldhammer* (Cambridge, Mass.: Harvard University Press, 1998).

J. B. Shank, *The Newton Wars and the Beginning of the French Enlightenment* (Chicago: University of Chicago Press, 2008).

J. S. Spink, *French Free-Thought from Gassendi to Voltaire* (London: Athlone Press, 1960).

Charles Withers, *Placing the Enlightenment: Thinking Geographically about the Age of Reason* (Chicago: University of Chicago Press, 2007).

David Wootton, *The Invention of Science: A New History of the Scientific Revolution* (London: Allen Lane, 2015) [데이비드 우튼, 『과학이라는 발명』, 정태훈 옮김, 홍성욱 감수, 김영사, 2020].

볼테르

W. H. Barber, *Voltaire: Candide* (London: Edward Arnold, 1960).

W. H. Barber, 'Voltaire at Cirey: Art and Thought', in J. H. Fox, M. H. Waddicor, and D. A Watts (eds), *Studies in Eighteenth-Century French Literature Presented to Robert Niklaus* (Exeter: University of Exeter Press, 1975), pp. 1-13.

David D. Bien, *The Calas Affair* (Princeton: Princeton University Press, 1960).

Stephen Bird, *Reinventing Voltaire: The Politics of Commemoration in Nineteenth-Century France* (Oxford: Voltaire Foundation, 2000).

J. H. Brumfitt, *Voltaire Historian* (Oxford: Oxford University Press, 1958).

Nicholas Cronk, 'Voltaire, Lucian, and the Philosophical Traveller' in J. Renwick (ed.), *L'Invitation au voyage: Studies in Honour of Peter France* (Oxford: Voltaire Foundation, 2000), pp. 75- 84.

Nicholas Cronk (ed.), *The Cambridge Companion to Voltaire* (Cambridge: Cambridge University Press, 2009).

Nicholas Cronk, 'Voltaire and the Posture of Anonymity', *Modern Language Notes*, 126 (2011), pp. 768- 84.

Nicholas Cronk, 'The Selfless Author: Voltaire's Apocrypha', *Romanic Review*, 103 (2012), pp. 553- 77.

Simon Davies, 'Voltaire's Candide as a Global Text: War, Slavery, and Leadership', in Shaun Regan (ed.), *Reading 1759: Literary Culture in Mid-Eighteenth-Century Britain and France* (Lewisburg: Bucknell University Press, 2013), pp. 37-54.

Deirdre Dawson, *Voltaire's Correspondence: An Epistolary Novel* (New York: Peter Lang, 1994).

André Delattre, 'Voltaire and the Ministers of Geneva', *Church History*, 13 (1944), pp. 243-54.

Richard Fargher, 'The Retreat from Voltairianism, 1800-1815', in W. Moore, R. Sutherland, and E. Starkie (eds), *The French Mind: Studies in Honour of Gustave Rudler* (Oxford: Clarendon Press, 1952), pp. 220-37.

Pierre Force, 'Voltaire and the Necessity of Modern History', *Modern Intellectual History*, 6 (2009), pp. 457-84.

Peter Gay, *Voltaire's Politics: The Poet as Realist*, 2nd edn (New Haven: Yale

University Press, 1985).

Russell Goulbourne, *Voltaire Comic Dramatist* (Oxford: Voltaire Foundation, 2006).

John Gray, *Voltaire and Enlightenment* (London: Phoenix, 1995).

Diana Guiragossian, *Voltaire's 'Facéties'* (Geneva: Droz, 1963).

James Hanrahan, *Voltaire and the 'Parlements' of France* (Oxford: Voltaire Foundation, 2009).

John R. Iverson, 'The Falsification of Voltaire's Letters and the Public Persona of the Author: From the *Lettres secrettes* (1765) to the *Commentaire historique* (1776)', in E. Joe Johnson and Byron R. Wens (eds), *An American Voltaire: Essays in Memory of J Patrick Lee* (Newcastle: Cambridge Scholars Publishing, 2009), pp. 180-200.

John Leigh, *Voltaire: A Sense of History* (Oxford: Voltaire Foundation, 2004).

Margaret Sherwood Libby, *The Attitude of Voltaire to Magic and the Sciences* (New York: AMS Press, 1966).

Haydn Mason, *Pierre Bayle and Voltaire* (Oxford: Oxford University Press,1963).

Haydn Mason, *Candide: Optimism Demolished* (New York Twayne, 1992).

Harvey Mitchell, *Voltaire's Jews and Modern Jewish Identity: Rethinking the Enlightenment* (London: Routledge, 2008).

John N. Pappas, *Voltaire and D'Alembert* (Bloomington: Indiana University Press, 1962).

Roger Pearson, *The Fables of Reason: A Study of Voltaire's 'contes philosophiques'* (Oxford: Oxford University Press, 1993).

Roger Pearson, 'White Magic: Voltaire and Galland's Mille et une nuits', in Philip F. Kennedy and Marina Warner (eds), *Scheherazade's Children:*

Global Encounters with the 'Arabian Nights' (New York: New York University Press, 2013), pp. 127-42.

Síofra Pierse, *Voltaire Historiographer: Narrative Paradigms* (Oxford: Voltaire Foundation, 2008).

Síofra Pierse, 'Voltaire: Polemical Possibilities of History', in Sophie Bourgault and Robert Sparling (eds), *A Companion to Enlightenment Historiography* (Leiden: Brill, 2013), pp.153-87.

Stephane Pujol, 'Forms and Aims of Voltaire an Scepticism', in S. Charles and P. J. Smith (eds), *Scepticism in the Eighteenth Century: Enlightenment, Lumières, Aufklärung* (Dordrecht: Springer, 2013), pp. 189-204.

R. S. Ridgway, *Voltaire and Sensibility* (Montreal: McGill-Queen's University Press, 1973).

Bertram Eugene Schwarzbach, *Voltaire's Old Testament Criticism* (Geneva: Droz, 1971).

Andrew Simoson, *Voltaire's Riddle: Micromigas and the Measure of All Things* (Washington, DC: Mathematical Association of America, 2010).

Samuel S. B. Taylor, 'Voltaire Letter-Writer', *Forum for Modern Language Studies*, 21 (1985), pp. 338-48.

William H. Trapnell, *Christ and his 'Associates' in Voltairian Polemic: An Assault on the Trinity and the Two Natures* (Saratoga, Calif.: Anma Libra, 1982).

음반

La Princesse de Navarre, Jean-Philippe Rameau (composer) and Voltaire (librettist): English Bach Festival Singers and Baroque Orchestra, conductor

Nicholas McGegan, 1980 (CD Erato, 0630-12986-2). Booklet notes by Lionel Sawkins.

Le Temple de la gloire, Jean-Philippe Rameau (composer) and Voltaire (librettist): Les Agrémens, Chœur de Chambre de Namur, conductor Guy Van Waas, 2015 (CD Ricercar, RIC 363). The first complete recording of the opera, using the revised 1746 version. Booklet notes by Julien Dubruque and Benoît Dratwicki.

온라인 자료

<http://voltaire.ox.ac.uk> Gives details of the latest publications on Voltaire and links to the Voltaire Foundation blog.

<http://plato.stanford.edu> *The Stanford Encyclopedia of Philosophy* (SEP) is an invaluable resource; it includes a fine article on Voltaire by J. B. Shank.

<http://artfl-project.uchicago.edu/tout-voltaire> *Tout Voltaire* is a database containing all of Voltaire's writings (apart from his correspondence), freely available, in fully searchable form.

<http://www.e-enlightenment.com> *Electronic Enlightenment* is a database containing extensive 18th-century correspondence, including the definitive collection of Voltaire's letters (available on subscription only, can be consulted in major research libraries).

<http://candide.nyplmg> A fascinating online exhibition 'Voltaire's *Candide*' (2010) created by the New York Public Library.

Readers with knowledge of French may download the app 'Candide, l'édition enrichie', freely available on the Apple iStore, a joint production of the

Bibliothèque nationale de France and the Voltaire Foundation in Oxford. This contains the full text in French, with a range of annotations and other resources to provide context; and it allows you to listen to the text, read by the French actor Denis Podalydès.

찾아보기

인명·지명·용어

작품명

ㄱ